青春美文精品集萃丛书·拿手好戏系列

壮丽是山河的拿手好戏

《语文报》编写组 选编

时代文艺出版社

图书在版编目（CIP）数据

壮丽是山河的拿手好戏 /《语文报》编写组选编.
-- 长春：时代文艺出版社, 2021.6
（青春美文精品集萃丛书. 拿手好戏系列）
ISBN 978-7-5387-6789-6

Ⅰ. ①壮… Ⅱ. ①语… Ⅲ. ①作文－中小学－选集
Ⅳ. ①H194.5

中国版本图书馆CIP数据核字(2021)第103479号

壮丽是山河的拿手好戏
ZHUANGLI SHI SHANHE DE NASHOU HAOXI

《语文报》编写组　选编

| 出 品 人：陈　琛 |
| 责任编辑：徐　薇 |
| 装帧设计：孙　利 |
| 排版制作：隋淑凤 |

出版发行　时代文艺出版社
地　　址　长春市福祉大路5788号　龙腾国际大厦A座15层　（130118）
电　　话　0431-81629751（总编办）　0431-81629755（发行部）
网　　址　weibo.com/tlapress（官方微博）　sdwycbsgf.tmall.com（天猫旗舰店）
开　　本　880mm×1230mm　1 / 32
字　　数　135千字
印　　张　7
印　　刷　三河市嵩川印刷有限公司
版　　次　2021年6月第1版
印　　次　2021年6月第1次印刷
定　　价　36.00元

图书如有印装错误　请寄回印厂调换

编 委 会

主　　编：刘应伦

编　　委：刘应伦　赵　静　李音霞

　　　　　郭　斐　刘瑞霞　王素红

　　　　　金星闪　周　起　华晓隽

　　　　　何发祥　朱晓东　陈　颖

　　　　　段岩霞　刘学强

本册主编：王仕林

Contents 目 录

爱 的 力 量

就这样调皮地长大 /	蒋仁凯	002
诗词伴我成长 /	李 浩	005
一路成长一路歌 /	吴 艳	007
一路成长 一路陪伴 /	王非萍	010
这就是我 /	张 燕	013
我 /	翟相儒	015
我为自己点个赞 /	庄云芳	017
说说我自己 /	翟雨欣	019
给外婆的一封信 /	董秋霞	021
我给自己写封信 /	吴淑珍	024
妈妈，我想对您说 /	董淑芳	026
我为自己点个赞 /	吴英华	028
我努力读懂父母 /	王雅玲	030
我努力读懂父母 /	杨必顺	032
我努力读懂妈妈 /	吴明霞	034
我努力读懂父母 /	董贵珍	036

爱的力量 / 吴　敏 039
丢掉依赖 / 凤维龙 042
爱的治愈 / 吴雨寒 044
我努力读懂父母 / 万　程 046
感恩的心 / 汪楚聆 049
爸爸，感谢您 / 翟　屾 052
妈妈，感谢您 / 周雅娴 055
你是我最感激的人 / 凤　萍 057

我的七彩生活

图书馆 / 凤良杰 062
我的七彩生活 / 王晓兰 065
课间花絮 / 董　平 067
课间花絮 / 吴艳红 069
品味书香 / 潘　晟 072
书香润情愫　阅读乐人生 / 周　冰 074
我是一条书虫 / 唐　静 076
我的良师益友 / 董云辉 078
畅游农家书屋　品味读书快乐 / 李　萍 081
给梦想一个开花的机会 / 许　静 083
让爱延续 / 侯欣雨 085
不轻言放弃，但敢于舍弃 / 李　浩 087
秋天的怀念 / 蒋双霜 090

快乐的田野 / 陈智皓 092
我的作家梦 / 王 磊 094
音乐之声 / 万贵春 096
童年趣事 / 文国鹏 098
实验基地的趣事 / 蒋 磊 100
乡村生活 / 何欣欣 102
钓鱼 / 程 陶 104
小白鸽 / 束 凡 107
倾听鸟语 / 黄艳婷 109
我和小黑 / 宗叶敏 111
猫 / 占震浩 113

品味自然

品味自然 / 潘美玲 118
秋天，霜晨归渔 / 董 璇 120
草 / 徐敏娣 121
芽芽 / 方 婷 123
窗外的白菊花 / 王丹婷 126
玫瑰花开 / 董慧艳 129
听雨哭的声音 / 占雨新 132
2019，我的夏天 / 黄 燕 134
我向往的青春 / 金 茹 136
人生驿站 / 程学思 138

因为青春，所以不曾畏惧 / 王自清 140
青春岁月 / 徐 敏 143
请珍惜我们的友情吧 / 王钰惠 145
路上有你真好 / 庄云芳 148
朋友 / 陶彩凤 150
可爱的同桌 / 王明凤 152
春天在哪里 / 方 玲 154
何畏曲折 / 孙琪珍 156
曲折 / 翟 伟 158
挫折 / 杨明月 160
精彩一课 / 章 岚 162

成长的节奏

成长的节奏 / 高 美 166
五味的年轮 / 吴 婧 169
我成长，我担当 / 徐梦婷 172
成长的路上你来过 / 程子轩 175
染 / 董 艳 177
我的偶像 / 李 婷 180
星星的愿望 / 肖叶红 182
繁星点点 / 吴凤萍 184
走一步，再走一步 / 董 昊 187
星空下的遐想 / 万宇婷 189

我努力读懂母亲 /	王怡文	192
咏春 /	徐 祥	195
春天 /	李莲洁	197
春 /	郭文燕	199
家乡的春天 /	王梦琦	201
乡村晚景 /	万映萍	203
赏莲记 /	吴梦颖	205
日子每一天都是新的 /	任悦妍	207
老师您在天堂走好 /	章 敏	209
与老师在一起的日子 /	翟亚玲	212

爱的力量

就这样调皮地长大

蒋仁凯

在我们成长的过程中,想必大家也会有许多调皮的经历吧,其实我就是在这些调皮中长大的。

调皮事件一

上幼儿园时,我路过一家小卖店,看见货架上摆满了一罐罐奶粉,我被它们吸引住了,于是使出绝招:一哭二闹三上吊,妈妈拗不过我,就买了一罐。回家后让妈妈泡给我喝,呀,好美味的哩!我深深地记住了:罐上有一头牛的,就叫牛奶粉。没过几天,我跑进厨房玩耍时,偶然看见一包未开封的太太乐鸡精,上面有一只老母鸡。我不禁联想到了奶粉,难道这是鸡奶粉?管他呢,试了才知道!我拿来剪刀,剪开包装袋,里面都是黄米粒一样的东西，咦！为啥不是白的呢？可能是鸡奶粉种类不一样吧，用开水泡好后，等它凉了些，我一口气喝下了肚，舔舔嘴，咋味道不一样呢？这时妈妈回来了，看见满地狼藉的东西，问我什么情况，我就把事情的来龙去脉说了一遍。妈妈哭笑不得，摸了摸我的头说："傻小子，鸡不是哺乳动物，怎么会有奶？""不是有什么动物的头像就是什么奶粉吗？"妈妈哭笑不得，一声无语了。

调皮事件二

刚上小学一年级时，我每天都开开心心地上学，上学路上有成片的花草，那是我们玩耍的乐园。有一天放学，路边的草地上一只羊走进了我的视线，它的屁股动了动，就滚下几颗小黑球，回家后，我好奇地问妈妈那是什么。妈妈笑了笑说："巧克力啊，很好吃哦！"妈妈边说边摸了摸我的头。她没想到，说者无意听者有心，她的话酿成了一个不小的悲剧：第二天放学，我经过昨天羊吃草的地方，又看见了一只羊，心想，不知道是不是昨天那只。管他呢，只要能下巧克力就行，因为我只有一个目的——获得"巧克力"。于是我蹑手蹑脚地绕到它背后，把手伸到那"神圣"的部位下面，等待美味的到来。那只羊好像很了解的我的心思，它一边吃草一边慢慢地前行，不一会，那部位有了一丝丝动静，来了来了！我在心里默念着：谢天谢地！我要发财了，呵呵，呵呵。一颗，两颗……五颗，六颗，小黑球不断地滚到我的手心，收获不小啊，我情不自禁地笑出来。可能是我的笑声吓着它了，羊突然向前猛一蹿，扒了好些土到我脸上。不过不要紧！东西已经到手了，哈哈，开心死了。我大口一张，全塞进了嘴，可我越吃感觉越怪，不对呀，根本不像以前的巧克力味道，我不管这个，回到家请教老妈吧！老妈听我讲完事情的经过，笑得快抽筋了！妈妈对我说："傻孩子，妈妈只是随便说说，你咋就当真了呢？哈哈哈……"

每一次调皮都会让我吃不小的苦头，可吃一堑长一智，我就是在这一次次的调皮、吃亏中长大的。

诗词伴我成长

——读《唐诗三百首》有感

李 浩

"小时不识月，呼作白玉盘。又疑瑶台镜，飞在白云端。"看着那轮皎洁的明月，我情不自禁地吟诵起了李白《古朗月行》中的诗句。

爸爸曾给我买了一本书，名叫《唐诗三百首》。书中精选了众多脍炙人口的名作并配有精美雅致的彩色插图。

我们晨读晚诵，读着读着，就有一种身临其境的幻感，真可谓诗情画意。当我读到"红豆生南国，春来发几枝"时，便不由得想起了那生在岭南的红豆，春天长出了繁茂枝条的动人场景；我读着《蝉》时——"垂緌饮清露，流响出疏桐。居高声自远，非是藉秋风。"听：我的耳边仿佛就有了清脆的蝉鸣，在骄阳似火的夏日里，蝉正在一展歌喉呢!

我曾在诗的王国遨游畅想,赏诗篇,悟诗情。如果让我许一个愿,我希望在读书过程中能与诗人一起身临其境,没有时空的限制。我希望能与"诗仙"李白一起,感受那庐山瀑布"飞流直下三千尺,疑是银河落九天"的激流与猛烈。我希望与"诗圣"杜甫一起,感受那春日里"泥融飞燕子,沙暖睡鸳鸯"的美景。我更希望与"诗鬼"李贺一起,感受"大漠沙如雪,燕山月似钩"的意境。

多么好的古诗,多么美的场景,它们如同各式各样的花朵,各有千秋。每一朵花都有不同的风采:有清新雅致的,有浓情似水的,有俏皮活泼的,也有独具匠心、别具一格的……各有各的不同,各有各的特点。

在诗歌的哺育下,我从乳臭未干的孩儿慢慢长大。诗词给我带来了无穷无尽的乐趣,让我的羽翼变得丰满,为我的人生奠基。

感谢你——诗词,你伴我成长!我坚信,你这颗夺目的明珠一定会闪耀着更璀璨的光芒!

一路成长一路歌

吴 艳

人们常把成长比作五味瓶，它盛满了酸甜苦辣咸，当成长的五味瓶被打翻时各种味道就会接踵而来。

成长是酸的，在堆满玩具的幼儿园里，我常常满怀期待地望着老师，希望老师能表扬我！可我望眼欲穿，结果还是竹篮打水——一场空，望着老师表扬其他同学，我的心里酸溜溜的，很不是滋味儿。

成长是甜的，在小学三年级的教室里，我第一次拿到满分的试卷，当我看到那一张写有100分的数学试卷时，内心被快乐填得满满的，整个人就像乘坐了云霄飞车一般，哦！身体轻飘飘的，脚下仿佛是彩色棉花糖一般不真实，整个人就像掉入了蜜罐里。

成长是苦的，在教室里，坐着一个顽皮的我，可是我的思绪并不在课堂上，它已经飞到九霄云外去了哦！老师看到我心不在焉的样子,不仅严厉地批评了我,还把这一情况告诉了我老爸,放学后,我一进门就看见老爸坐在沙发上盯着我,犀利的眼神仿佛要把我穿透。我心里直打鼓,老爸为什么有这样的表情?难道他知道了我进微信的事?怎么办?老爸可是出了名的严厉,一旦发起火来,谁都挡不住,哎!真是祸不单行,我今天免不了一顿皮肉之苦啦。看着我低着头一言不发,老爸终于开口问道:"为什么上课开小差?"我不说话,爸爸接着说:"我以为你不会辜负我们的希望,没想到……哎!"爸爸深深地叹了口气,转身走进自己的房间。爸爸的这句话深深地刺痛了我,原来爸爸妈妈对我寄托这么多的希望,可我却一次又一次地辜负了他们。爸爸的那一声叹息,就像一块大石头一般压在我的心头,让我喘不过气来。脑海里常常浮现爸爸在冬季送我去上学的情景,又想起妈妈在雨中送伞的样子,眼泪不禁簌簌地流下来,苦!真苦!苦到了心头哦!此时我已经尝到了成长的苦涩,于是暗暗下决心:今后要好好学习,再也不能辜负爸爸妈妈那一份殷切的期望了!

  成长是辣的,在四年级的教室里,坐着一个勤奋学习的我。可我后面的那一位男生是班上有名的调皮鬼,他几乎天天捣乱,使我忍无可忍。有一天我终于爆发了:大课间,在教室里我抓起书包狠狠地砸到他的头上,可能是书包里的文具盒磕了他的头,鲜血顿时流了下来。后果可想而知,除了被老师一顿严厉的训斥,还要赔偿他的医药费。这个经历让我体会到成长的辛辣，也让我明白了宽容待人有多么重要。

十三岁的我虽然年纪不大，但也尝到人生的种种滋味，一路成长一路歌。或许这就是每个人成长过程中都要经历的吧！

一路成长　一路陪伴

王非萍

深秋，窗外总是雾蒙蒙的，随手推开一扇窗，清新的气息扑面而来，还夹杂着幽幽的清香，哦，菊花开了！窗外，不远处的路边，赫然盛开着许多菊花，一阵风吹来，我忍不住打了个寒战，风中的菊花仍然傲然挺立，忽然间，我想起了阿姨那坚强又有点不服输的样子……

记得那天，窗外也是雾蒙蒙的，我正伏在书桌上写着什么。虽在屋内，我仍是感觉到了些许的寒意，终是放下了笔忍不住说了一句："好冷！"是啊，秋天都进入了尾声了，想必冬天也快来了吧。我仰起头随意问她："阿姨，你喜欢什么花呀？""菊花是我的最爱！"这个回答确实让我吃惊，因为我总以为她和我妈妈一样喜欢玫瑰花什么的。我不由得又问："为什么呀？""因为我喜欢它的品格，迎风伫立，一身傲气。"我有些费解，不过我觉得要是再继续问下去会更糊涂，索性就不再问了。我看她有些出神，就顺着她的视线望过去，哦，远处路边有许许多多开得繁茂的菊花，黄色的花淡雅，白色的花高洁，紫红色的花热烈而深沉。哦，我好像有点懂了。那一年我八岁，阿姨三十六岁。

逝者如斯夫，不舍昼夜。今年的五月，一个令人窒息的噩耗完全将我打蒙了，阿姨被诊断出得了胃癌，并且已经是晚期。一刹那，我感觉全身的力气像被瞬间抽去了一般，只能在心中一遍遍地问自己，这是真的吗？我清楚地记得那几天有多少人都在为她流泪。阿姨并没有向命运屈服，而是顽强地和可怕的病魔做斗争，手术、化疗，我没见她哭过。她总是对我说："无论什么时候都不能放弃，只要还有希望！"好像是在劝慰我似的。是的，只要还有希望……

那天我去医院看她，她正坐在病床上望向窗外，见我来了，便拉住我的手说："好好念书，考上一所好大学，你这么懂事，我也很放心。改天我们一起去山上看野菊花，它们快要开了吧……"后面都说了些什么，我都记不清楚了，我只是在拼命忍住要流出的眼泪，拼命地点头。那天傍晚，我一个人爬上了屋后的山，山路边菊花已经开了，红的、黄的，开的热烈。我多希望阿姨能够回来和我一起看看这美丽的菊花啊！可她却终究没有回来了，那天门外传来家人让人心碎的哭喊声，我就明白发生了什么，我强忍着的泪水终于在这时决堤了，一夜枕巾哭湿了大半。但我觉得阿姨没有离开我，她会一直在我心里，陪伴我继续成长下去，这一年我十二岁，她四十岁。

　　十二年也许漫长，也许短暂，但在这期间我真的成长了不少，也懂得了许多，在成长中难免会有悲伤的眼泪，但我会一直坚强，无论什么时候都不会放弃，只要还有希望！

　　窗外，一朵雏菊，迎着朝阳正静静地慢慢地长大。

这就是我

张　燕

嗨！大家好！我叫张燕，今年十三岁了；我长着一双圆溜溜的眼睛，高挺的鼻子，樱桃似的小嘴巴，一头乌黑发亮的短发，衬得我格外文静。

我是一个活泼大方的女孩儿，别人向我借东西时，我会二话不说把东西借给她，因此，我拥有了许多好朋友。我还是一个懂事的女孩儿。每当假期有空闲的时候，我会帮妈妈做一些力所能及的家务活，从而减轻妈妈的负担，让她不再那么辛苦劳累。

我还有一个最大的特点，那就是超爱看书。

记得刚上小学时，我看起书来囫囵吞枣，完全不理解书中所表达的情感，还喜欢张冠李戴，经常惹得妈妈大笑，有时还被妈妈笑骂成"猪脑子"。后来，随着年龄的增长，我渐渐地领悟到书中蕴藏的奥秘，看书也认真多了，我爱上了看书。每当学校图书馆开放时，我恨不得脚下踩着风火轮飞过去，到了书架旁，我仔细地搜索着这些封面花花绿绿的课外读物，生怕漏掉了哪一本自己爱看的书。书借好了，放学之后，我一个劲儿地往家冲，钻进房间就津津有味地读起书来。时间流逝得真快呀，直到妈妈喊我吃饭，我才恋恋不舍地放下了书。有时"挑灯夜战"，看到感兴趣的内容，到了半夜也舍不得停下来，害得第二天爬不起来，还多了两只"熊猫眼"。哎，真惨呀！虽然我每天这么看书占用了大量玩儿的时间，但我因此受益匪浅，它让我课外知识变丰富了，课外阅读变广了，让我成为一个有"学问"的人。

这就是我，一个活泼大方的女孩儿，一个懂事的女孩儿，一个爱看书的女孩儿！

我

翟相儒

戴着一副蓝框眼镜，个子不高，看似瘦弱，其实并不缺乏运动天赋。学习成绩中等，却是一个很要强的人，喜欢幻想，喜欢自言自语，这就是我。

在数学课堂上，我发言的次数基本上是最多的，远远多于其他课程。有一次，老师讲到一道题，刚讲完，我的脑海中唰的一下闪过了一个念头：老师说错了！便头脑一热，一下子跳起来说出了我的理解。老师先是一愣，随后笑眯眯地指出了我话中的漏洞，我的脸一下子红了起来，在周围同学的笑声中尴尬地坐下，恨不得找个地缝钻下。因此，那一天我一直在羞愧中难以自拔，尽管老师表扬了我有问题要大胆提……这是一个胆大却不细心的我。

运动会上，我在1000米的比赛中被人算计了，他在我的邻道。刚起跑不久，他等我们跑到离裁判很远的地方时就悄悄用脚勾了一下我的脚踝,我一下就摔倒了。倒下的同时,我感觉不由自主地天旋地转起来,自己也仿佛活在梦境中,一瞬间,膝盖与手掌的疼痛告诉我这是在比赛!观众席上爆发出了一阵洪亮的"哦"声,我昏昏沉沉地看向他们,他们是我最要好的两个朋友!他们向我摆出了大大的"V",我知道,这是胜利的缩写。我毅然爬起来,重新努力奔跑。这一次,我无所畏惧,因为我带上了自己的尊严、同学们的鼓励与班级的期望……我奋起直追,当我超过绊倒我的同学时,我十分清晰地看到,他的眼中闪过一丝惊讶与畏惧的神色。我以惊人的速度冲刺,第一个撞上终点线。接着,我慢跑了一小段后,瘫倒在草坪上,仰望着天空心想:"这……是场梦吗?"这是不言败,努力追赶成功的我。

我还有严重的选择恐惧症,十分的纠结,这是一大缺点,这也是一个我。

各种各样的"我"组合,我喜欢这样的我,有上进心、爱幻想、爱笑……这就是个真实而快乐的我。

我为自己点个赞

庄云芳

"我的未来式,由我做主,每一个动作,我都完整投入,不断电的你陪我加速,奔跑在我们的领土……"这一句是当下流行电视剧的主题曲——《我的未来式》。对于这首歌我有种莫名的钟情。我喜欢这首歌的旋律,轻快,悠扬;我喜欢这首歌的歌词,青春,充满活力;我喜欢这首歌的意义,未来掌握在自己手中,要通过现在不懈的努力,才能创造更美好的未来!

小时候的我们,常常幻想着自己长大后的样子,长大后要干什么?长大后是怎样的生活?那时候,我们是多么的天真,心中有无数的梦想。想当歌手,在舞台上大放异彩;想当军人,在前线保家卫国;想当宇航员,遨游太空中,感受失重带来的奇妙乐趣;想当总裁,有着用不完的财富,丰衣足食的过完一辈子……可又有多少人的梦想破灭了，在现实残酷考验的洪流中，一辈子碌碌无为，匆匆地过完这一生。我们的未来，充满未知的挑战，在走向未来的过程中，我们一定要坚持自己的梦想，在时间的洪流中不要迷失自己的方向。

未来，因梦想而美丽，因梦想而鲜活。

梦想，说起来简单，可现实却又充满了艰辛，但只要我们始终保持一颗纯真、勇敢的心，勇于面对任何困难、挫折，就能实现自己的梦想。

我现在正在朝未来迈进，曾经有一段时间，我想过放弃自己的梦想，却终究为了更加美好的未来而坚持下来，现在回想起来，当初的决定真是明智，一个人若是连自己的梦想都放弃了，那还有什么值得他去追求。时间只会带走我们的天真，却不会磨灭我们那颗认真的心。其实，并不是时间对我们做了什么，而是我们在时间的流逝中丢失了自己那颗认真的心。

我坚持追逐我的梦想，因为我坚信：只要不懈追求，梦想就一定会成真，就这一点而言，我要为自己点个赞！

说说我自己

翟雨欣

我是一个非常容易满足的人,这既是缺点也是优点。

因为容易满足,家长说我非常好养。我从不奢求太多,为他们减轻了本不该有的负担;我不向往可以像其他小朋友有许多可爱美味的零食,只要一颗糖我就可以开心好久好久;我不想要漂亮的衣服,对我而言,能穿就行;我不羡慕可以像别的小朋友那般多才多艺,学好课本上的知识就足够;我不喜欢洋娃娃,我觉得没必要,很幼稚。唯一让我父母头疼的是,我总是喜欢买很多很多的书。每个月都会去买,每一年都会囤很多书,放到书柜里,放到心里。看书是最容易让我满足的事了。

因为容易满足,同学总是羡慕我摔倒了还能笑得灿烂,老师总是恨我上进心不够。有一次语文考试我只考了八十五分,老师觉得我能考的更高,于是把我叫去办公室谈人生，谈理想。我听是听进去了，可是我觉得这次考试虽然有失水准，但好歹达到优秀了，人有失足，马有失蹄嘛。我没有一脸懊悔，乐呵呵地下楼梯回班级了。但是，下楼梯时一下脚滑，从楼梯上滚下去了。旁边有个人愣住了，准备扶我，欲言又止。不料我自己爬起来，装作没事人一样拍拍身上的灰，微笑着一瘸一拐地回了教室。顾不得那人诧异的表情，他大概认为我会哭吧。我确实疼得要死，可我没有哭，也哭不出来，因为没有骨折就是万幸。痛和骨折相比简直算不了什么，没必要浪费眼泪。

我容易飘飘然，这是缺点也是优点。

因为容易飘飘然，我从不会缺乏自信，但是容易挨批评。同学经常对我说的话就是：你够乐观，跑八百米第二的时候还恨不得想所有人都知道，要是第一名，那还不上了天。一次两次还好，可是说的次数多了，就引起了一部分同学的反感。在做《禁毒知识》题的时候，我两分五十五秒做完，八十分。再看看其他同学六十分就非常不错了。再加上老师公布我成绩和全班哗然的声音，我简直飘到天上去了，获得了巨大的成就感，一下午的情绪都被这种成就感包围着。虽然知道只有一百分才有资格和其他学校学霸笔试，但是我还是好开心，只有一点点的遗憾。

这就是我，一个矛盾的我，一个阳光的我！我会尽力让他们都变成我的优点，成为一个更好的自己！

给外婆的一封信

董秋霞

亲爱的外婆:

您近来好吗?

"摇啊摇,摇到外婆桥……"每当人们耳畔响起这首动人的歌谣时,我想他们的脑海里一定会浮现自己外婆那慈祥的面容,可是我的脑海中却如一张白纸。"外婆",这样一个亲切而温暖的名词于我而言,是那样的陌生,没有一丝清晰的印象……

外婆,您知道吗?我从出生的那一刻起至今从未见过您,所以,您对于我来说是一位"熟悉"的陌生人。我无法确切地勾勒出您的样子,只能想象:您一定是一位慈祥的老人,阳光下,满头的银发格外引人注目,干瘪的嘴唇已经遮隐不住几颗稀疏牙齿,眼角布满皱纹,塌陷的眼窝里只剩下和蔼和智慧……

小时候，逢年过节，看到村里的孩子牵着爸爸妈妈的手，蹦蹦跳跳地去外公外婆家，我总是羡慕不已。有时跑回家，抓住妈妈的衣服就哭，"妈妈，我外婆家在哪儿呢？你为什么不带我去呢……"不管我怎么哭闹，妈妈就是不肯多说一句话，只是抚摸着我的头，静静地凝望着远方。

后来，我渐渐长大，逢年过节时，再看到同伴们去外公外婆家，就不像小时候那样追着妈妈问外婆家在哪儿了，因为奶奶告诉我：十三年前，妈妈从贵州来到我家，与爸爸结了婚，后来就有了我和弟弟。由于家庭经济负担重，十三年来，妈妈从未回过娘家，亲爱的外婆，请您千万不要责怪妈妈，不是妈妈无情，而是我们家现在的经济条件有限。其实妈妈也非常想念您老人家。每逢佳节倍思亲，特别是逢年过节时，我常常看到妈妈在房间里独自流泪，这一定是思念您所致。而且妈妈和爸爸也常常谈到您的身体如何如何，家里的生活是否好些之类的话题，他们还有一个让我梦寐以求的计划：明年春节我们全家去贵州给您老人家拜年。

亲爱的外婆，我要感谢您，是您赐予了我这样一位好妈妈，她勤劳善良，对我和弟弟十分疼爱。如今她和爸爸用勤劳的双手不断改善家庭的生活条件，我们家的日子就像人们常说的"芝麻开花节节高"。虽然现在还谈不上十分富足，但一家人和和美美，简单的生活中充满着幸福，所以请您不必太挂念。

"摇啊摇，摇到外婆桥……"电视机里又传来这优美动人的歌声，我多么希望这歌声也能传到遥远的贵州，传去我和妈妈对您深深的思念……

最后祝外婆身体健健康康，每天快快乐乐。

爱您的外孙女：秋霞

我给自己写封信

吴淑珍

亲爱的珍：

　　你好！

　　岁月悠悠，时间过得可真快呀！如今，你已是十二岁的小姑娘了。从幼儿园到小学，从童年到少年，从依赖到独立，从天真幼稚到成熟懂事，首先我要向你表示最真诚的祝贺。

　　盼望着，盼望着，你终于成为一名六年级学生。好像我们小时候玩的闯关游戏一样，你闯过了第一关，你的人生开启了一段崭新的旅程。这段日子快有三个月了吧，有酸有甜，有苦有乐，受到老师批评时，你心里酸酸的；考试后成绩不错，你心里甜甜的；科目增加了，作业也多了，压力越来越大，你心里会有点苦；享受着越来越多的友情，看着逐渐向你开启大门的神秘的知识殿堂，你心里又有着说不出的快乐。少年，为了更好的明天，今天努力奋斗吧！

悄悄地，悄悄地，不知不觉中，那个走起路来总爱摔跟头，常常坐在地上哭的孩子已经长成了亭亭玉立的少年。童年总是那么美，好像一朵绽放的花，童年也是那么快。好像一眨眼就过去了。上周，你已经参加了在学校的第二十五次运动会，在操场上尽情地奔跑，即使摔倒了，我知道你也不会再去哭。

慢慢地，慢慢地，你什么时候从那么依赖大人，变成现在的倔强独立。昨天你好像还依偎在妈妈的怀中，作业做完，妈妈帮你检查收拾书包，妈妈每天按时叫你起床，帮你拿要穿的衣服。可是今天，作业做完你自己检查，闹钟唱着歌就能把你叫醒，你自己到衣柜里拿要穿的衣服，你自己起来炒喷香的炒饭，你已经慢慢能够自立了。

珍珍，我真为你而高兴啊。我看到了你的成长，我也看到你懂得了自己的责任，正在努力学习怎样去担当。

努力学习，勇于担当，愿你在阳光下茁壮成长，创造属于自己的精彩！

住在你心里的朋友：珍

妈妈，我想对您说

董淑芳

亲爱的妈妈：

您好！

我曾在一则杂志上看到一个故事：一个小男孩生下来就没有妈妈，他的妈妈因为难产死了。男孩天天看着别人的妈妈给自家儿子送礼物，心里十分羡慕，就对父亲说："爸爸，我的妈妈呢？我也要母亲送我礼物！"爸爸温和地笑着说："你母亲已经送给你礼物了呀。""是什么？""生命。"看完这则故事，我忽然想起了您。

2006年的某日，您在医院里艰难地生下了我，给予了我人生中最重要的东西——生命，它将随我走过一生一世，见证我的点点滴滴。

我还没满周岁，您忙于工作，就拜托外婆来照顾我。由于习惯了外婆的照顾，所以在我牙牙学语时吐出的第一个词并不是"妈妈"而是"婆婆"。您知道后佯装生气,一遍一遍地教我念"妈妈"。当"妈妈"终于从我口中蹦出时,您的脸上流露说不出的惊喜与快乐。

再长大些,我便步入幼儿园。每天早晨您都走得特别早。有一次我特意早起,抱住您哭道:"我不要妈妈走……"您无奈地说:"乖,妈今天早些回来"我半信半疑地松开手,回家后一看:真好,妈妈 在家里准备好点心等我呢!

眨眼又是好几年。此时的我已然长大了,再不是那个爱缠着您的小孩了,有时还会因为嫌您管得太多而生气。某天,我被您带到眼镜店查视力。这一测可出问题了:我已经近视一百度了!您说:"你看你才多大,这就近视了?我让你平时注意坐姿,看完书要休息,你呢?……"边说边数落我的不是。我感到一阵心烦:"够了!"便摔门而去。回房后我也冷静了,仔细想想这件事是我做得不对,妈妈说我也是为我好呀!我低下头敲响您房间的门:"妈,对不起。我不该向您发脾气,我以后一定改……"您走出门:"没事,当时我也心急了,以后我俩一起改正吧!"那一刻,我热泪盈眶……

妈妈,我说的这些您还记得吗?我是永远不会忘的。亲爱的妈妈,愿您一生幸福!

您的女儿:淑芳
2016年10月30日

我为自己点个赞

吴英华

未来的路,就在我的脚下,我坚信着,只要付出汗水,勤奋努力,走过一片桃林,前面就是心中的世外桃源。

每个人都对自己的未来充满幻想,也为这幻想变为现实打拼,不是一日之功,而是一辈子。

人生的路总是崎岖不平。记得一次测验,我的总分成绩竟比一位一直在我"后面"的同学低,而且差七八分!"这不可能,他能超过我的分?"仔细检查试卷,才发现老师给我少加了几分,我赶忙把这几分加上去,似乎胜券在握,兴致勃勃地去和他比,结果只比他高一分。我顿时脸红了,心跳加快,羞涩、惭愧、内疚、自责,五味杂陈,半天说不出话来。我觉得我太渺小了,这一切都是虚荣心造成的。我不断反思自己,就算自己加上这些分又能怎样？还不是比他"低"！再说就是比他高又能怎样。

我找到问题的所在，原来是我迷上了电视。电视里的动画情节多么诱人！看了这集还想看下一集，我已经走火入魔了！仿佛成绩、现实、生活都不重要，重要的是看电视、玩游戏！满脑子的动画人物，满脑子的"灯红酒绿"！我感觉自己已无可救药，渐渐地融化在泥土中，失去了芳香，失去了色彩！直到一次：动画里人物说："我才不要在这种时候放弃，即便当不成中忍，我也会通过其他途径成为火影的，这就是我的忍道！"是啊！虚幻人物都这么说，都为梦想努力，为什么作为一名现实生活中的人却要堕落呢？毕竟，"他们"是我们创造出来的，只是附加一些励志情感在里面罢了，难道我不如"他们"？

未来的路总是在暴风雨后看到彩虹，经过一番挣扎，我开始渐渐疏远这些电子"毒品"，但旧习难改，我还是有点控制不住自己的"欲望"，所以不得不请老妈"出山"督促我。最终我还是步入学习的正轨，果不其然，经过一段时间的刻苦努力，终于像动画角色一样成功摆脱"贫困"，走上"小康生活"！

其实生活并不复杂，只要战胜了自己，成功还会遥远吗？我要为自己点个赞。

我努力读懂父母

王雅玲

有人说：父母像一把伞，下雨时为我们遮风挡雨；父母像一棵大树，酷暑时替我们遮挡阳光。父母是伟大的，是无私的。然而有些时候我根本读不懂父母，不过现在我却读懂了。

放学了，一路上我哼着小曲，踏着轻快的步子回了家。我把鞋一脱，书包一扔，便坐在沙发上看电视。正当我看得十分起劲的时候，突然听到外面的脚步声，心里想可能是爸爸妈妈回来了。我就像猫一样，三步并作两步蹿到电视机前，"啪"把电视关了，抓起书包，拔腿就跑，可还是逃不过爸爸妈妈的眼睛。"小玲。"妈妈喊道。我很不愿意地转过身去，耷拉着脑袋。妈妈皱着眉头问："你作业写完了没？"我吞吞吐吐地答道："没没……还没有。"

"没有,你还看电视!"妈妈用极其严肃的语气冲着我吼道。

"不就是看了会儿电视么,有什么好问的。"我小声嘟囔着。妈妈听我这么说,胸中的愤怒如火山爆发,抡起手扇了我一巴掌。

当时我的心情瞬间跌入谷底,心就像被无数根针扎了一样疼,我的眼睛红红的,直接跑到房间里。我低着头,泪水在眼里直打转。"不就是看了会电视么?有什么了不起?她居然打我?"一直以为是妈妈太过分了。在接下来的一段时间里,我很少搭理她,一有机会就偷着看电视。

有一天,数学考试竟然不及格。我十分沮丧,像霜打的茄子,蔫蔫的,因为数学是我最擅长的科目。妈妈知道后生气地说:"肯定是看电视看的,如果你用你看电视的时间看书,你保证能考好。"我用疑惑的眼光望着妈妈。"你不信你可以试试。"我虽然不相信,但我还是按照妈妈的话去做了。在以后的日子里,我每次回家后都先写作业,作业写完后再看书,没有看电视。结果在接下来的数学测试中我居然取得了第二名的好成绩,这才明白了妈妈所说的是正确的。

原来妈妈不让我看电视,甚至打我是为了能让我好好学习,让我把学习摆在第一位,是为了我将来能有更好的前途。

我终于读懂了父母了!

我努力读懂父母

杨必顺

　　我的妈妈是个十分啰唆的人。以前我听了她的絮叨之后就十分烦躁，就再也不想听下去了。现在想起来，那时的我真是不懂妈妈的良苦用心。

　　上小学一年级的时候，每天我吃早饭时，妈妈总会在饭桌上啰里吧唆地说一通学习的事儿，就像和尚念经那样，令人心烦。我每次听到后，都恨不能几口就把早饭咽下去，然后催促爸爸吃快点，希望爸爸能早点带我离开。每当我走的时候，妈妈又来念经了，又啰里吧唆地说一大堆："路上要注意安全，拐弯时要看清楚了，必要时提醒爸爸……"我一边"嗯嗯哦哦"地答应着，一边催促爸爸快点儿走，妈妈的声音渐离渐远，我就有种总算是解脱了的感觉。

　　当我开开心心的回来时，妈妈又开始啰唆了："今天学得怎么样？过得开心么？上了什么课？老师讲课的内容听懂了么？今天老师还交代了什么没有？……"一听到这些话，我都觉得妈妈的话就如滔滔江水连绵不绝。本来的好心情顿时烟消云散了，便三言两语地应付了几句就逃回自己的房间，"砰"地把门一关，就拿出作业，埋头做起来，可是我还没有写作业，妈妈又来滔滔不绝了……

吃饭的时候，妈妈也不忘啰唆几句："今天的菜做得好吃么？这道菜好吃就多吃点儿……"这种时候我越发觉得烦透了，真想让妈妈能快点安静下来。

有一天，妈妈叫我多穿衣服，小心感冒了……我丝毫不顾妈妈的话就匆匆地走了。可是骑上自行车，就有种异样的感觉，今天天气怎么这么冷啊！我不好意思回去添加衣服，硬着头皮往学校飞奔，刚到学校，我就浑身冷得发抖，下午上课时还发烧了，结果课都没上完，老师打电话给老爸接我回家了。这时我才明白：妈妈平时虽然啰里吧唆地，可是她说的话却很实用，更是满满的爱啊！

母亲啊，您的良苦用心我怎么能到现在才懂呢？

我努力读懂妈妈

吴明霞

"快醒醒,早饭给你准备好了,我今天可能晚点回来啊,待会儿自己起来去吃!"妈妈推开门,大声朝我嚷嚷。

"哎呀,烦不烦!每天都早出晚归,快走吧,别打扰我睡觉!"我关上门,不耐烦地说。妈妈怔怔地看着我,最后长叹了一口气,无奈地走了。

以前我从不理解她,更不知"可怜天下父母心"这句话的真正含义,在我眼中,妈妈一天到晚只会工作,难道,她不明白我真正想要的是她的陪伴吗?因此,我总会故意和妈妈发生一些小矛盾。直到有一次……

那天,我路过妈妈打工的工厂,突然有了想要进去瞧一瞧的念头,我还从来没有见过妈妈工作呢。

走进"工厂"大门,门口堆放着一堆废烟叶,地上还有许多废烟渣四处飘散，风中夹杂着浓烈的刺鼻烟味。"咳、咳、咳"我一边不停地咳嗽，一边皱着眉头捂住鼻子四处张望，终于看到拐角里那个瘦小的身影，那就是我的妈妈。我不禁心头一震，妈妈就是在这样的环境里长期劳动啊！难怪她总是咳嗽。妈妈没注意到我来了，正忙碌地在那整理烟叶，偶尔用手抹一把脸上的汗水，捶捶自己的腰。看到这一刻，我的眼睛一下子湿润了。原来妈妈工作这么辛苦，可是我却一直在向她抱怨，故意和她顶撞，我真是个不懂事的孩子呀。

我再也按捺不住心中的愧疚，飞奔过去，喊了一声："妈！"妈妈脸上一下子露出欣喜的表情，"你怎么来了？不怕烟味吗？还是快走吧，我怕你受不了，今天早点回去给你做饭。"我含着泪水，支支吾吾地说："妈，我帮你捶捶背吧。"这是我这么多年来第一次说这样的话，妈妈一愣，随即开心地笑了，那灿烂的表情让她好像一下子年轻了十岁。

想想以前我总是把抱怨挂在嘴边，抱怨她不懂陪伴，抱怨她早出晚归，总剩把我一个人孤零零留在家里，原来她是那么辛苦。我心里默念道：妈妈，以后我一定不会再任性了，一定会好好听你的话。

今天我终于读懂了妈妈。

我努力读懂父母

董贵珍

不知从何时起,我与父母之间的矛盾日益激化了。

早晨醒来,看到窗外大雾弥漫,我以为还早得很,就闭眼又睡着了。也不知过了多久,一阵汽车鸣笛声吵醒了我。我迷糊地睁开眼,伸手摸到手表:六点三十!睡意顿时被惊没了影,我一掀开被子就往外窜——六点五十就要上课,迟到了是要被罚站的!我匆匆洗漱,抓起书包就往外跑。可我刚刚打开大门,妈妈那又尖又细的声音就响起了:"干吗呢?饭还没吃就要走啊。"我也没看她,继续往外走:"要迟到了。""那也不行!"她的声音更高了:"你给我回来,吃完再走!"一听她这语气,我不耐烦地说:"你烦不烦,不就是一顿早餐吗!""你吃了不就行了吗?你不吃,我就跟你到学校!"我狠狠地瞪着她,她又吼了一句:"瞪什么瞪!"为了不耽搁更多时间,也怕她真跟着我到学校,我只好向她妥协。我极不情不愿地接过她递过来的稀饭,"咕嘟咕嘟"往嘴里灌,喝完稀饭,我把碗向桌子上一丢,用尽全身力气摔门而去。"砰!"整栋楼都被震得发颤,我听见门后妈妈愤怒的大吼,"满意"地向学校跑去。

晚上放学回家,我刚放下书包就听见一声QQ提示声——妈妈的手机落在家里了。我点开聊天框,看到了妈妈早晨七点发给闺密的信息:"早上和女儿因早餐的事吵了一架。你说学校怎么上课时间这么早啊,孩子连吃早餐的时间也没了,可要是不吃早饭,怎么支撑一上午的活动啊!"原来妈妈坚持要我吃早餐不是和我过不去,而是为我着想。我怎么能狗咬吕洞宾——不识好人心呢?我可真要多替父母考虑考虑啦!

我一直是个爱拖拉的人,一到双休日,作业都是留到周日晚上才做。以前作业少,这个做法的弊端并不明显。可有一次,作业实在太多了,我都做了三个小时也未能做完。一直陪着我的爸爸的脸色随着时间的流逝愈发难看,后来终于向我发飙了:"你一天到晚拖拖拉拉,现在都快十一点了,你什么时候才能做完?你下次再这样,我把你从楼上踢下去!"看着爸爸几乎喷火的双眼,我的泪水一下子涌了出来。我低下头,心中对爸爸的恨却肆意弥漫:我作业写不完,挨骂的又不是你!你真想踢死我,干吗把我生出来,把我当出气筒啊!我抹干眼角的泪痕,却在无意中瞥见妈妈的手机,我想起了"早餐事件"想起我立的誓言,不由愣住了:爸爸对我生气,还不是因为关心我吗?我怎能这么不识好歹!念及此处,一脸的羞愧之情油然而生。我低声对爸爸说:"对不起,下次不会了。"

努力去理解父母吧,你会发现父母掩藏在严厉下的其实都是满满的爱啊!

爱 的 力 量

吴 敏

这个寒假，我徜徉在书的海洋，享受了阅读的无穷乐趣，我的内心无比充实。在所读的书中，《老天会爱笨小孩》语言生动、活泼，又很接地气，给我留下深刻的印象。

捧着这本书，感受一位同龄人的成长经历，我的心牢牢地被主人公黄金鑫所牵动，时而忧郁，时而悲伤，时而快乐……

刚开始，我觉得黄金鑫很可怜。他反应慢，动作迟钝，言行举止都给人"笨笨"的感觉，所以很多人都说他是个"笨小孩"，连他的父母也觉得他不如别人聪明，对他缺乏信心。他得不到别人的欣赏，他的生活没有阳光，一片暗淡。

可读着读着，我觉得黄金鑫又是幸运的。为了给黄金鑫创造一个好的学习环境，父母将他从一所差校转到名校——长江路小学。在新班级里，他得到老师和同学们的关心和帮助。同桌"汪汪"华汪德，虽然性急冒失，却给了他许多安慰；"胖青蛙"秦超逸内敛稳重，不时帮他出主意……特别是一个偶然的机会，黄金鑫听了"新东方"校长俞敏洪老师的讲座，内心受到强烈的震动和鼓舞，昔日的那个"笨小孩"，从孤独、自卑中走出来，融入丰富多彩、充满活力的集体生活之中。他圆满地完成了班级零食调查任务，得到班主任胡老师的夸奖。他的身上发生了许多神奇的变化，他变得越来越开朗，越来越自信……灿烂的笑容在他脸上绽放，他的生活从此充满了阳光！

我知道，这些变化都源于一个字——爱。父母的疼爱，老师和同学的关爱，还有俞敏洪老师对青少年成长的期待……这一切都赋予了这个简单的"爱"字丰富的内涵！

古今中外，因爱的激励而成材的例子不胜枚举。美国大发明家爱迪生，小时候只上了几个月的学，就被辱骂为"蠢钝糊涂"的"低能儿"而退学了。在退学回家的路上，爱迪生对妈妈说："妈妈，长大后我要成为世界第一流的发明家！"妈妈答应亲自教他，在她看来，儿子将来一定会有出息的。此后，她不论干什么都忘不了教导爱迪生。父母的理解、鼓励使爱迪生充满信心地去学习，进行自己喜爱的实验，最终成为伟大的发明家，为人类做出杰出的贡献。是爱，催生了一位天才发明家；是爱，创造了一个美丽的神话。

是的，爱的力量是神奇的！我不由得想起前不久读的一篇文章——《只有你才能欣赏我》。文章讲一位母亲参加三次家长会，面对老师对她儿子"多动，并不聪明"的评价，她将阴云化作阳光，将批评演绎为鼓励和欣赏，用爱唤醒了儿子的自尊自爱，引导儿子步步成长，最终踏进清华大学的校门。又是爱，用它的魔力再次创造了一个美好的结局！

"老天会爱笨小孩"。其实，根本就没有所谓的"笨"小孩，每个人都是天才的孤本。让我们的目光中多一点欣赏，多一些热情，多一份关爱吧！相信，我们饱含爱的目光，所及之处，更多的是阳光、鲜花、笑颜……

丢掉依赖

凤维龙

"妈，快迟到了，帮我收拾一下书包，我已经来不及了。"我一边穿衣服一边跟妈妈说。等我火急火燎起了床，刷好牙，一碗热乎乎的饭就放在我面前，我随便吃几口背起书包就走了。妈妈把我送到车站，我上了车，车开去很长一段路，我回首从车窗看到妈妈还站在那里，我的眼泪禁止不住簌簌地流了下来。

回想起平时，每天早上我都依赖妈妈，什么事情都不做，因为我妈妈什么事都帮我做，她几乎包揽一切，所以造成我懒惰，好吃，什么事情都不愿意做。就是我放假在家里看电视，妈妈也会拿零食给我吃，这种关心在我的脑海里留下了深刻印象。

记得有一天，我英语听写没过关，被老师留在教室里背书，背了半个小时才勉勉强强会写。好不容易过关了，回家却没有公交车。我只好跑到同学家借宿，我到他家，同学很客气，趁饭还没有烧好，我和同学就到房间写作业，作业写完后我们吃了一顿丰盛的晚餐，吃完饭我和他又到房间看书去了。要是在家里，妈妈肯定会嘘寒问暖，又是拿吃的又是倒水，忙得不亦乐乎。可是今天不同了。没有零食，没有妈妈在我身边。我看了一会书，衣服都不脱直接睡了。

早晨，我一醒来，发现我同学已经不在了。我迷迷糊糊地爬起来，透过门缝看见我的同学在读书，我觉得他好用功，难怪他的成绩这么好。

我连早饭都没吃就上学了，因为在别人家毕竟不自由，以自己早上大都不吃早饭为由搪塞过去。早读课我打开书包，里面乱七八糟，要是在平时，我妈妈一定会为我准备的……

回到家，我反复思考，自己不能自立不行，依靠别人只是短暂的，只有自己动手才能丰衣足食。第二天早上，我早早地起了床，自己将自己的事情全部做完后，才去上学。

以后我天天像这样，习惯成自然，我终于丢掉了依赖！

爱 的 治 愈

吴雨寒

记忆的长河中，流淌着这样的一段故事，它早已铭刻于我心。太阳的余晖洒落在我回家的路上，鸟儿的歌声也点缀着夏景。背着书包的我走在那弯弯曲曲的小路上，可这一切并不影响我的心情……我依旧如往常一般哼着小调儿，孩子一样的蹦着跳着，踏着轻快的步子。

或许是"乐极生悲"，扑通一声，我一不小心摔在那铺满碎石子的小路上。火辣辣的感觉蹿上我的手掌，我不停地吹着，渴望得到一丝缓解，可一点都不管用，疼痛感令我几乎要哭出声来。待我想站起来，又觉得膝盖疼得钻心，定睛一瞧！校服也这儿一个小洞，那儿一个窟窿了，膝盖还被擦破了一大块。看着狼狈的自己，眼泪好似断了线的珍珠一颗颗滚落下来……我艰难地站起身来，拖着沉重的步伐，一步一步挪回了家。妈妈看到我这副模样，一下子紧张起来，赶忙问我："你怎么啦？有没有事？疼吗？……"听到这么急切的声音，爷爷奶奶也没心思看电视了，爸爸也立即从房间里冲了出来。"你怎么搞的啊？"奶奶焦急地问道："有没有事？""今天……我……我不小心……摔了一跤！"浓重的鼻音让我显得更令人心疼了。爷爷听了，抬起手抚摸着我的头："唉！下次长点心，傻孩子。"这话似乎戳中了我的泪点，鼻头一酸，更想哭了……而爸爸却默默地拿来了碘酒和创可贴，小心翼翼地帮我处理伤口，那是我第一次觉得爸爸宽大的手掌是如此温柔。望着家人那关切的目光，听着那亲昵的方言，瞬间觉得伤口不怎么疼了，这或许就是爱的治愈吧！

那一次的经历，我一生都忘不了：妈妈的焦虑，爸爸的温柔，奶奶的关切，爷爷的慈爱，这大概是人生中最珍贵的药品吧！

我努力读懂父母

万 程

以前，我总以为父母就应该是爱我们的，父母为子女所做的一切都是应该做的。后来，我渐渐发现父母也很不容易，我们要努力读懂父母。

我的父母都是农民工，他们一年到头长期在外打拼。每逢过年过节，他们都会回家和我团聚，每次都给我带新衣服和各种好吃的。衣服虽然都是新的，但不如同学们身上所穿的各种各样名牌服装气派，渐渐地我感觉自己在同学面前很是没面子，甚至觉得丢脸。有一次，我就打电话给他们，叫他们也给我买名牌衣服，父母犹豫了一下，但最后还是答应了，说是暑假就给我买。

时光匆匆，暑假终于来临了。父母如约给我买我最喜爱的名牌运动服，也把我带到了他们的打工地。我们火车转汽车、汽车转出租车，辗转多次，终于到达了目的地。

一下车,唉!简直就是"满目疮痍":满地都是建筑垃圾,就连空气也带有一丝异味,真恶心,我差点就吐了。毫不客气地说,这别说是鸟了,就算狗都不想在这里待下去。这还不算完,我们的住所更是糟糕:当我一脚踏进房间时,"啪"的一声,水花四溅。原来我们的房子地势较低,水不易流走,我又踩了几脚,啪啪几声,我真想立即回老家,但天色已晚,只好勉强住下了。

傍晚时分,我和父母一起向工地食堂走去,准备吃晚饭了。由于时间太早,大多数工人们还没下班,所以我们很快就打到了饭,接过餐盘,一看,这是什么东西?于是我就嚷嚷起来:怎么没有鸡腿?也没有肉丸啊?父母只好把自己碗里的一点荤菜都夹给我,把剩下的素菜就饭吃完。这时,我突然看见,父母的脸在灯光下显得那么苍老,头发中也夹杂着些许白发,而我却有滋有味地吃着"大餐",再看看父母吃的几个青菜,简直是一个天上,一个地上啊!想到这里,我不禁有些惭愧:平时在学校,父母不在身边,我简直就是无拘无束的孙大圣,想怎么玩就怎么玩。看看父母在工地上如此艰苦的生活和工作环境,我发誓:再也不能像以前那样贪玩了,一定要好好学习,不辜负父母的希望,让父母过上好日子,吃上大餐……吃完饭,回到住处,看见父母那破烂不堪的衣服,又看了看自己所谓的名牌,我不禁思绪万千,这使我更加坚定了自己的决心。

自从那次暑假,我懂得了很多。我不再去与同学们攀比衣服的好坏,对于父母为我买的任何一件衣服和物品,不管它是不是名牌,我都会很珍惜。不仅是因为它是父母的血汗钱换来的,更因为它包含了父母对我的爱,对我的期盼。

　　我读懂了父母。

感 恩 的 心

汪楚聆

人，要拥有一颗感恩的心，要学会接纳别人，也要学会认识自己。

——题记

春蚕死去了，但它留下了美丽的蛹；花儿凋谢了，但它留下了丰收的果实；小鸟飞走了，但它留下了美妙的歌声；我要飞向理想的彼岸，追求更高的梦想，但我留下了美好的回忆。

"滴水之恩，当涌泉相报"，人的本色应该如此：崇尚见义勇为、助人为乐之义举；鄙薄见利忘义、忘恩负义之恶行。有两位好朋友在一起出游时，一位不小心将另一位的手划破，连忙说对不起，受伤者笑着说没事儿，便在沙漠上用手指记下："今天我的好朋友将我的手划破。"

又一次，当他的脚不小心扭了时，他的朋友细心地呵护照顾他，直到他的脚慢慢地康复。他用刀子在石头上刻下："今天我的朋友帮了我。"他的朋友疑惑不解地问他为什么时，他说："写在沙漠上是为了让风帮我淡忘昨天的不快，刻在石头上是为了让岁月帮我铭记你对我的帮助。"

朋友们，试问有谁能像他们那样用一颗感恩的心来对待别人呢？

这是一个真实的故事，著名歌手丛飞节衣缩食捐赠300万元，资助178名贫困学生。而当他自己病危住院经济困难时，在当地工作的几个曾被他资助的人，竟没有一个来看望他。这事被媒体披露后，有一个受助者说，这让他很没面子。而丛飞却说："不要埋怨他们，我已不需要医疗了。"他这样坦率，对自己的决定无怨无悔。

还有这样一个曾感动全中国人的例子。洪战辉，在他年幼时就已失去了笑容，取而代之的是全家生存的重担。他四处求学，虽然饱经沧桑，但他学会了"滴水之恩，当涌泉相报"的道理。他带着自己的妹妹去大学求学，有那么多爱心人士向他伸出援助之手，他却没有接受。面对困境，他毫不退缩，想着世上还有很多像他甚至比他更贫困的人需要帮助，便自筹资金，建立了一个慈善基金会，帮助那些人。在"感动中国十大人物"的颁奖典礼上，他真诚地说："我只不过是记着别人对我的帮助，然后用一颗感恩的心去帮助更多比我更困苦之人。"他的话得到了阵阵掌声。

　　朋友们，人要拥有一颗感恩的心，学会接纳别人，更要学会认识自己。天空会因一丝云彩而更深邃，大海也将因一朵浪花而更澎湃。一双援助之手将拯救无数生灵，一份细心呵护将感化无数心灵。朋友们，伸出你炽热的双手，用一颗感恩的心去对待他人，记住别人对自己的帮助，学会帮助别人吧！

爸爸，感谢您

翟 屾

我的爸爸是个出租车司。

记得去年暑假的时候，老爸开始做这份工作，开始只开"白班"，就是白天开一整天。虽是一整天，但他勉强还能撑住。后来调整了，要开"晚班"，而且是开整整一个晚上。刚刚调整时，老爸根本不能把"北京时间"调到"美国纽约时间"，经历了一两个月才调整过来。直到有一天，我才发现老爸的不容易。

一般情况下，他凌晨五点前就回家休息了，可有一天，我感觉有些不正常：早晨六点我起床后，发现老爸还没回家。我向窗外看了看，那辆"宝马"就停在院子里，车窗是关着的。我走近车子，仔细看看车内，原来老爸竟在车上睡着了。我顿时愣住了，傻站了片刻，才回过神来，赶忙敲敲车窗叫醒老爸。老爸困得连眼睛都睁不开，我只好扶着他上楼休息。直到下午三点多，他才匆匆下楼，马马虎虎地吃了点东西，边吃边对我说："昨晚太危险了，开车到凌晨四点多，因为太困竟然打起了瞌睡，'嘭'的一声，是车轮撞了一下路边的水泥桩。幸亏我反应快，急打方向，不然就要开到河里去了！""爸！你以后困了千万别开车，疲劳驾驶太危险了！"我赶紧说，其实当时我还想多说几句，但感觉自己的眼睛已模糊了，我知道那是泪水噙满了眼眶。因为怕老爸发现，我赶忙站起身，默默地离开了。

还有一次，老爸和妈妈发生了矛盾，妈妈一气之下就去了阿姨家。晚上，我一个人在家，无聊得很，虽然学习任务很重，但我还是忍不住，就偷偷打开电脑，玩起了游戏。正当我玩得不亦乐乎的时候，老爸突然出现在我的面前，我顿时吓傻了。心想：老爸的心情本来就不好，再加上我犯了这"不可饶恕"的大错，不被打死就算幸运了。我本能地站起来，举起双手抱住了头。然而，我估计的"火山"没有爆发，只见爸爸举起的那只粗大的手，停在了空中，只听到一声叹息："唉，你真太让我失望了！"

后来，老爸告诉我："那天是因为你妈妈不在家，我很担心你，就提前回家了。看到你玩游戏，我是想打的，可你越来越大了，应该懂事了，不好好念书，总不能长大了也像我一样，开出租车过日子……"我十分惭愧，低头认错，老爸最终还是原谅了我。

"可怜天下父母心",老爸是个普通的司机,但对我的爱足以让我终身铭记,因此,在内心深处我要喊一声:"爸爸,谢谢您!"

妈妈，感谢您

周雅娴

"锄禾日当午，汗滴禾下土。谁知盘中餐，粒粒皆辛苦。"读小学就学过这首小诗，它告诉我们每一粒粮食的背后都有劳动者辛勤地付出，其中就有我的妈妈，她是一位平凡的农民。

农忙季节，我总能看到妈妈忙碌的背影。

正午时分，毒辣的太阳高挂在空中，炽热的阳光炙烤着大地，室外就像火炉一样灼热。为了赶上季节，农民们必须顶着烈日，冒着酷暑，抢收抢种。妈妈也是如此，吃完午饭，就戴上草帽，披上一条湿毛巾，扛起锄头匆匆下地了。一个多小时后，我很担心妈妈，就倒了一壶凉茶，送往妈妈劳作的田间。一路上，强烈的阳光刺得我几乎睁不开眼，赶忙把草帽压低一些。不到五分钟的路程，我已经大汗淋漓，感觉都要虚脱了。我无法想象妈妈在这样的环境下还要从事重体力劳动,她要承受怎样的煎熬。

刚到田头,妈妈就看见了我,她赶紧从水田中间走到我身边,抓住我手中的水壶,扬起脖子,"咕咚咕咚"把水壶中的凉茶一口气喝得精光(那水壶能装五百多毫升呢),然后边喘边说"还是我的宝贝女儿好!知道心疼妈!你快去那边的树荫下歇一会儿,之后赶紧回家,到空调间里看书去!""嗯嗯!嗯嗯!"我木木地答应着,望着妈妈的脸,我心疼极了:原本秀美的脸庞,挂满了汗珠,还有不少芝麻大小的污泥,有几缕被汗水湿透的头发不规则地贴在脸颊上,很是难看。更不用说她那双腿了。我妈妈皮肤原本很好的,冬天我和妈妈洗脚时,她那白皙的双腿比我的还好看,可现在已经沾满了污泥,就像刚刚拔出来的莲藕,黑乎乎的。

妈妈喝完我送的凉茶,一转身又下田去干活了。望着她那已经被汗水湿透的背影,我心里空落落的,我没有去树荫乘凉,而是默默地离开。此时,不争气的眼泪直在眼眶里打转。

"锄禾日当午,汗滴禾下土。"不需要任何语言去描述,我从心底里已经深深感受到了妈妈的辛苦。如今我已知道:妈妈为了我付出了多少汗水,而那汗水之中浸透了对我的爱。感谢您,妈妈!我知道这个世界上您永远是最爱我的人。

你是我最感激的人

凤 萍

你是我一生都会铭记在心的人，因为你是我最感激的人之一。

2019年9月2日，星期一，天气晴。

当我走进教室，班上闹哄哄的一片，都在讨论着什么，我也只记得两件事了，"我们班这个学期会转来一个新同学，"老师说，"待会儿每个人都要为竞选班长发言。"刚听到有新同学要转过来还很好奇，但很快就被"竞选班长"的消息掩盖了。手心也开始冒起了冷汗，特别容易害羞的我要在大家面前说话，舌头不打结才怪呢！

我静静地看着窗外的风景，满脑子都在想待会儿竞选班长时要说些什么。突然感觉身边有一个人，回头一看，是个很陌生的面孔，想必就是新转来的同学吧。你朝我微微一笑，露出一排整齐洁白的牙齿，薄薄的眼镜片后似乎折射出你亲切的目光,当时我想:外面的阳光也不过如此灿烂吧!

和你打招呼的人很多,你都咧着嘴笑着回应,但我和你讲的话不多。终于开始竞选班长,经过一番漫长的等待,我忐忑不安地走上讲台,只是讲了几句话就涨红着脸赶紧跑下讲台。你是最后一个上去发言的,底下的人到这时好像也失去兴致了,但我看到你昂首挺胸,踏着自信的步伐,走上讲台,拿起粉笔在黑板上潇洒地写上自己的名字,开始了你滔滔不绝的演讲。你说在座的每位都可以问你几个问题,于是下面便一阵躁动,继而有一只只小手不断地举起来,你都耐心地回答这,下面还时不时地笑成一片。不知过了多长时间,你笑着说:"我的演讲就到这了,希望你们投我一票。"说完还对自己竖了两个大拇指。我记得底下的人沉默了一至两秒,便爆发出一阵如雷鸣般的掌声。

你如愿当上了班长,我看着这么快就能融入新环境的你,我想:我大概这辈子也没遇到过像你这么开朗的人。我犹记当年我问你为什么能做到这样时,你笑着回答:"天使之所以会飞,是因为她把自己看得很轻。我还在某本书上看到过这样一句富有哲理的话:'没有蓝天的深邃,何以有白云的飘逸;没有大海的壮阔,何以有小溪的优雅;没有原野的芬芳,何以有小草的翠绿。'只有投入生活,才能享受生活。"那一刻,我似乎懂了点什么。

现在，如果别人觉得我话很多，爱开玩笑，积极参加各种比赛，变成了一个性格开朗的女孩，那一定是因为你的影响。

开朗使我的生活也变得丰富多彩了，因此我要永远感激你。

我的七彩生活

图 书 馆

凤良杰

记得从开学第三周开始,学校图书馆便正式开放了!于是全校学生便像着了"魔"似的,一到午休便蜂拥而至,把学校的图书馆的门堵得严严实实。刚开始我觉得没必要如此,但图书馆的魅力实在是大,校图书馆开放的第二天我就也跟着同学们"屁颠屁颠"地跑进图书馆"凑热闹"去了!

可刚走近图书馆便惊呆了!只见图书馆门口排起了"长龙"的队伍一直延伸到校食堂的路旁,由此足见同学们对我们学校图书馆里图书是多么地"如饥似渴"呀!……哎!我懒得跟着"排长龙"浪费时间,就回到教室做起了练习题。差不多刚好做完起身扭扭头,撇眼瞅了一下图书馆方向,哈哈!图书馆门口"长龙"不见了,于是便蹿出教室大门飞奔图书馆。当时心里对自己合理安排时间(没排队既做好了练习题,又能进图书馆阅览自己喜欢的课外书籍的"如意算盘")而沾沾自喜。

跑到阅览室门口刚迈进一只脚一阵熟悉的音乐响起来了!嘿!午自习时间到了!刚才还为自己的如意而沾沾自喜呢!哎!竹篮打水——一场空,我失算了!如同"霜打的茄子",无奈的我垂头丧气地返回教室,坐在自己的座位上努力调整好情绪,继续上自习。上课—下课—放学—回家……待明天再掐准时间好好安排!

时间似乎过得很快,眨眼就是第二天。我专心致志地上完了上午的课程,以比往日快倍的速度解决了午餐,疾步如风地"飘"进了图书馆。呵呵!今天算是掐准了"如意算盘",几乎赶在了所有阅读爱好同学地前面,图书馆空无一人,大量书籍在它们的脊背上清清楚楚地标注着自己的"姓名",整整齐齐地"站立"在书架上。像是刘姥姥进大观园——里面好东西(好的书籍)太多了!我选择了两本青少年最佳文学读本《为我歌唱》《心灵的力量》,待办好了借书手续,我捧着两本书,低着头边走边翻。走出借书处回望图书馆大门口一眼时,哇!今天的"长龙"比昨天还要长很多。L形的队伍,由图书馆门口直至食堂通道拐弯,并延伸到教学楼。同学们!慢慢排"长龙"阵吧!估计那熟悉的音乐,悦耳的午自习铃声很快就要响起来了!会有许多的同学体验我昨天的感受有过之而无不及!我为今天合理地时间安排,从容地选择到我喜欢的书籍，能毫不耽搁回到教室做几道练习题而"得意忘形"。我捧着两本心爱的读物，一蹦三跳地回到教室，心里那个喜呀！悦呀！美呀！那个乐呀！

掩卷沉思，当我们回首那些曾经在图书馆留下过的足迹，取得巨大成功的人们，我感叹于图书馆的海纳百川，博大精深，熏陶出一代又一代的莘莘学子，成就了一批又一批有识之士，从而造福于社会。他们与图书馆结下了深远的情缘，将伴随和影响我们越来越多的人，他们不朽的精神永远镌刻在我们心中。

能在这里学习，真是一种荣耀和幸福，图书馆已融入了我的生活里，成为我生活中不可缺少的一部分。不管时光如何飞逝，它都是我心灵休憩的港湾和永远的圣地。图书馆——我爱你，我会与你紧紧相依，并且愿意"执子之手，与子偕老"！

我的七彩生活

王晓兰

生活的味道有酸、甜、苦、辣、咸；那么生活的颜色呢？该是五颜六色，绚丽多彩的吧！

生活是绿色的。就像那河岸边的绿茵茵的芦苇，朝气蓬勃，充满生机与活力。绿得可爱。绿是生命的活力，是蓬勃的希望，是美好的象征。一个人的生命中最需要希望，没有希望，就没有一个精彩的人生。绿，是生活不可缺失的颜色。

生活是红色的。像那冬夜里燃烧的烈火，融化了坚冰，温暖了人心。红色，有火一样的激情，有火一样奔放，有火一样豪壮。每一颗诚挚的心，像跳跃的火焰那样炽热。一个人的生命中，需要一股奔腾的热情。一个生命中，如果没有热情，就如同空壳一样。红，也是生命不可缺失的颜色。

生活是白色的。像那寒冬的雪,不带一点杂质,是那么的纯洁;像那北极的坚冰,坚强牢固;又像那天山上盛开的雪莲花,不畏风雪,洁白,美丽。白色,有着雪的纯洁,坚冰的坚强,雪莲的秉性。如果一个人的生命不纯洁,那么,即使你有再多再多的钱,有着多么高的学历,你也只是一块布满瑕疵的白玉。白,也是生命不可缺失的颜色。

　　生活是蓝色的。就像大海一样无私,像蓝天一样宽广。湛蓝的大海鼓励每一位勇者向她提出挑战,帮助坚强的开拓者磨炼他们的意志;无垠的碧空激励人们去实现翱翔蓝空的梦想。生活,时时充满挑战,竞争,需要你大胆的梦想,勇敢的开拓。蓝,更是生活中一定不可缺失的颜色。

　　生活是五彩缤纷的,红橙黄绿青蓝紫白,一样都不可少;生活像一个调色板,可以调出绚丽的色彩。只要你握紧手中的开拓之笔,定能勾勒出绚丽多姿的图画!

课间花絮

董 平

课间有趣的活动总是丰富多彩，在我们班的课间，各种"娱乐"精彩纷呈，且看：

花絮一

看！蒋豪和黄卫国在班上的"后花园"里跳着绳，他们使劲地摇绳，脚尖不停地着地又跃起，但不一会儿就game over了。黄卫国生气地对蒋豪说："哎哟，你能跳好一点吗？"蒋豪争辩着说："又不是我的错，绳子打到你的脚了。"他们虽相互埋怨了一阵子，但很快又和好如初，蒋豪满脸惭愧地说："对不起！我没有跟上你的节奏。"黄卫国也满脸歉意地对蒋豪说："是我太快，这下我们慢慢来，慢慢地提速吧！"蒋豪笑了："这下一定可以！"他们一人抓着绳子的一端，同步摇起绳来，脚尖默契地几乎同时腾空，同时落地。一分钟过后，跳了一百一十九个，他们相视而笑："果然行，我们绝对是全班最有默契的一对组合！"

花絮二

"将！"吴云飞大喝一声，吴云龙手足无措地看着吴云飞的"车"说："还是输了，你真是太厉害了，我真的好'崇拜'你啊！"其实吴云龙一脸不服气。蒋二凯一脸豪气地冲上来说："我帮你报仇！""好的，加油！"吴云龙笑着退了下来，吴云飞嚣张地对蒋二凯说："你？小case了，踩死一只蚂蚁与踩死两只蚂蚁是没有太大区别的！""你！哼！"蒋二凯愤怒地走起子来，"飞象！""跳马！"一切似乎都很正常，但是，吴云飞阴险地笑了笑说："将军！""那又怎么样？看我扭转局面，飞……咦！什么？堵住了，天要亡我啊！"蒋二凯垂头丧气地走下台。"哈哈，我偷掉了你的马，这都不知道！哈哈！"背后传来吴云飞怪怪的笑声！

课间的活动真是多，同学们相处得也很愉快，可眼看我们小学快毕业了，不知我们还能有多少这样欢快、这样好玩的课间呢？

课间花絮

吴艳红

在我们和平小学的601班,下课虽不能说上房揭瓦,但吸引过路同学的驻足观赏也是绰绰有余的。想知道为什么吗?请听我娓娓道来吧!

"终于下课了!"我班同学异口同声地长吁一口气。我从书包里拿出一张纸对我的同桌万家琦说:"Hi! 咱俩来玩五子棋吧!"万家琦说:"好啊,但哪来的棋呢?"我神秘地冲她笑笑:"我们俩玩纸上五子棋!"万家琦还是似懂非懂地看着我,我索性把纸拿出来放在她面前,她这才恍然大悟地点点头。我们俩石头剪刀布后,我先出棋,我在纸上画了个圆圈,万家琦就画了个三角形。我的一竖排已经三个棋子了,但万家琦还只顾自己的棋子,等万家琦发现后堵哪头都不行了,我像个老者摸着"子虚乌有"的胡须对她说:"万家琦,等我三个棋子在一条线时你一定要堵，不然，你就会输得很惨！"万家琦也恭敬地对我说："知道了，吴老先生！"说完我俩一起笑得前仰后合。第二轮开始了，万家琦紧紧盯着我棋子的位置，像一个紧盯着猎物的捕食者，唯恐自己一眨眼的工夫我就赢了。万家琦"紧追不舍"，我都没了出路了，顿时急得抓耳挠腮，像一只被踩了尾巴的猫躁动不停。万家琦得意扬扬地看着我，我心里愤愤地想：早知道不告诉她就好了！不过这样也有意思，万家琦在我棋子后画了一个三角形，我没在意，以为她又堵我，围观的人焦急地用眼神提示我，但不敢说出来，怕坏了游戏规则。我在别处画了一个棋子，万家琦就在我疏忽的那个棋子后面又画了一个三角形，接着，她跳起来大声欢呼："哦！我赢了！"我仔细看了看了一下棋局，懊恼地拍了一下额头，自言自语道："唉！竟输给了一个刚出道的黄毛丫头！"

我们在课间还有一个娱乐项目，那就是"伪书法大赛"。参赛者每人手提一只毛笔，用水沾着在黑板上胡乱写，尤其是万里和何光浩最为滑稽。万里一只手在王超课桌上一划，桌上的东西尽数掉了下去，王超走过去大声说："万里，你又发什么神经？"万里说："我正在练字，切勿打扰！"弄得王超哭笑不得。万里又把毛笔蘸水后，在桌子上胡乱写了一通，颇有当年孙悟空大闹阎王殿后，划掉诸猴生死薄的气势。写完，他大手一挥，毛笔又骨碌碌滚落到地面。何光浩则拾起毛笔当成了"利剑"，他大喝一声："大胆泼猴，哪儿跑！"说完，亮了亮自己的"利剑"，但却没追上前，而是在黑板上写下大大的"何光浩"三个字。我们都被这一对活宝逗得哈哈大笑。

　　课间花絮，多姿多彩，我们让欢笑声充溢了课间娱乐生活，每天都趣味无穷。欢迎你们来和平小学601班免费观看我们的课间花絮！拜拜咯，下次再见！

品味书香

潘 晟

书像一位和蔼可亲的老人,引领我通往神秘的知识殿堂;书如一杯清香四溢的绿茶,沁人心脾,给我带来种种美妙的享受和无穷的回味;书又似一对美丽神奇的翅膀,让我在湛蓝的知识天空中自由自在地翱翔,领略文字的魅力……

对于书,我有着莫名的情愫。记得从咿呀学语,蹒跚学步起,便和书结下了一段不解之缘。小时候总爱缠着妈妈给我讲那些自以为很神秘的故事,然后饶有趣味地沉浸于童话中:愚蠢的国王,善良可爱的美人鱼公主,命运悲惨的卖火柴小女孩儿……做一个温馨、淡淡的梦。在童话国度里,点亮只属于我的烟火。

光阴似箭,日月如梭,随着年龄的增长,思想的成熟,我开始阅读古今中外的名著。它们可以透过故事的情节，展现给世人思想的精魂。《西游记》的师徒四人化险为夷，最后取得胜利欢呼雀跃；《爱的教育》中那纯真的同学之爱，温馨的亲子之爱，令人感动不已；《钢铁是怎样炼成的》教会我生命在于努力，在于奋斗，厄运能使一个软弱的人变得更加坚强；《中华上下五千年》让我了解到中国历史的坎坷命运，不禁惋惜长叹。

书给了我们人生的自信和启迪，给了我们无穷的智慧和力量，给我们架起一座成功的桥梁，给我们注入无限金色的希望。畅游书海，其乐无穷。

书山有路勤为径，学海无涯苦作舟，亲爱的同学们：让我们以书为伴，让那淡淡的书香陪伴你我同行，陪伴我们茁壮成长！

书香润情愫　阅读乐人生

周　冰

　　我从小爱读书，我的房间里到处都是书，有许多杂志，如《少年博览》《漫画大王》……听妈妈说，我三岁的时候就爱听故事，每天晚上，总要听妈妈讲一两个小时故事才肯睡觉。

　　上小学三年级了，我便稚拙地捧着故事书读，好端端的一本《三百六十五夜好故事》硬是叫我翻个稀巴烂。正因为爱听故事、爱读故事，所以我认识了许多字。书，给了年幼的我丰富的营养，哺育我健康成长。它让我学会了用语言沟通，去理解人与人之间的情感。

　　古人云："腹有诗书气自华。"的确如此！读书能使我们胸襟开阔，目光远大；读书能活跃我们的思维，陶冶性情；读书能为我们的思想插上想象的翅膀；读书，也让我们找到另一个快乐天堂！

法国"科幻之父"儒勒·凡尔纳的《海底两万里》让我如痴如醉！我和书中的主人翁阿龙纳斯一起乘坐着鹦鹉螺号潜水艇开始了充满传奇色彩的海底之旅。我们一起周游了太平洋、印度洋、红海、地中海、大西洋以及南极和北冰洋。在印度洋的珠场，我们和鲨鱼进行激烈的搏斗，还手刃了一条凶恶的巨鲨；在红海，我们追捕过一条濒于绝种的儒艮，儒艮肉当晚就被端上了餐桌；在大西洋里，我们和章鱼进行过一场殊死的血战，一名同伴惨死……这些惊险、刺激的场面，现在想想都令我惊心动魄。另外，乘潜艇在水下航行，我饱览了千奇百怪的海底动植物，以及海底洞穴、暗道和遗址等。我获得了大量的科学知识，知道了什么是太平洋寒流，什么是墨西哥弯暖流，飓风是怎样形成的……尤其是光的折射、珍珠的分类、采集、潜水艇的构造……我感叹于作者广博的知识，更惊叹他丰富的想象力，竟能在还未发明电灯的社会中预料到未来世界，把科学与故事结合起来，创造出一个神奇的海底世界。

书是知识的源泉，不断涌入我们的心田；书是甘甜的雨露，时刻滋润着祖国的花朵。生活不能没有书，失去了书，我们的天空仿佛失去了颜色而暗淡无光。我们的心灵也会因此而枯竭！与书相伴，人生才会变得绚丽多彩！凡是有书的地方，就有快乐和宝藏。而今，这笔财富，就在我们眼前，同学们，请点亮你们心灵的那盏读书之灯，让我们的生活充满色彩、充满快乐。

书，是我们每个人永远的财富！

我是一条书虫

唐 静

书是我们补充知识的营养品,也是通往知识海洋的一条捷径。有许多的人都爱看书,我也不例外,可以算是个十足的书虫。

我读书时就像饥饿的人扑在面包上,不管周围发生什么,都视而不见。因此,没少遭妈妈的批评。

暑假里的一天,我搬了许多书,放在茶几上,准备一饱眼福。呀!这本书好搞笑啊,笑得我前俯后仰;那本书里的主人公的命运真悲惨啊,我不禁为他流下了同情的泪水;这些片段写得好复杂啊,令我沉浸在深深的思考中。我幻想自己拥有神力:能把所有的智慧都从书中汲取出来,并让它成为身体的一部分……

正当我如痴如醉的时候,妈妈拿着锅铲像救火一样从厨房冲出来,抓起电话就"喂喂喂",可是电话那头只留下"嘟嘟嘟"的声音。她扔下电话,怒气冲冲地说:"来电话没听到啊?走火入魔啦?"这时,我才缓过神来,抓抓脑袋一副委屈的样子:"真的来电话了吗?我怎么没听见?"我羞红了脸,满脸堆笑着对妈妈说:"再来电话我一定会接的。"妈妈无奈地摇摇头,离开了。

在书中,我能学到很多知识,找到许多乐趣,就像只快乐的鸟儿,自由自在的翱翔。我爱读书。

我的良师益友

董云辉

"宝贝！快来看妈给你买什么了！"老远就听到老妈的叫声，我以迅雷不及掩耳之势冲过去："哇！竟然是最新款的游戏机耶！"我忍不住叫出声来。看到这里，你也许会问："你妈不怕影响你学习吗？"嘻嘻，老妈当然不担心我的学习，因为在学习这件事上，我有良师益友——《小学生导读》。

我从小便好玩，不爱看书，学习成绩也总处于中下游的位置。这下可急坏了我爸妈，因为上六年级后就要面临升学的考验，而我却还是不急不躁。有一天晚上，我闲来无事，为了应付爸妈的唠叨，就随手从书桌上抽了一本《小学生导读》翻了翻。这真是不看不知道啊。"麻雀"虽小，五脏俱全！内容丰富多彩，让人看花了眼：什么同龄人的励志故事；各种学习的方法、小窍门；学生的优秀作品以及时不时夹一段小笑话、名人名言什么的，让人目不暇接。我一下来了精神，就像九把刀笔下的柯景腾说的一样："原来学习也是这么热血的事情啊！"从此，我喜欢甚至迷恋上了看书，尤其是《小学生导读》的书刊，竟然达到了爱不释手的地步！

《小学生导读》是我生活中不可多得的好朋友。

记得有一次，同桌不小心把我新买的钢笔摔坏了，我生气地和她大吵了一架。回到家后，气消了，我有些后悔。我知道是自己做错了，可又拉不下面子去道歉，正心烦时，偶然瞟见《小学生导读》上清晰地印着一行字："做错事不要紧，最重要的是要勇于承认错误。"那些字一个个对我挤眉弄眼，好像在说："要敢于道歉呀，退一步海阔天空。"我顿时拿定了主意，转身跑出来家门，向同桌家奔去。

《小学生导读》既是我的朋友，也是我最信赖的导师。在他的引领下，我从一个"数学白痴"变成同学们眼中的"数学天才"。

那天，我正在为一道极难的奥数题绞尽脑汁，苦思冥想也没有想出正确的答案。忽然间我想起有一期的《小学生导读》上好像出现过这道题！我急忙把那本翻找出来，仔细地看了一遍解题思路，然后我合上书，按照这个方法计算下去，果然得到了正确答案！我一下子欣喜若狂。

可真是应了那句老话："书中自有黄金屋，书中自有颜如玉。"这"黄金屋"就是从书中获得的知识财富；而这"颜如玉"便是难得的知己啊！

　　一句话：《小学生导读》是我的良师益友。

　　我相信，若有你，我的学习一定会"将快乐进行到底！"希望会有你一直陪伴我到小学毕业！

畅游农家书屋　品味读书快乐

李　萍

我是一名六年级的小学生，平时酷爱读书。但由于家住农村，条件受到了限制。自从我们城东村设立充满知识的"农家书屋"，我就会隐隐感受到知识的"香气"。每到休息日，我就"遨游"在书屋，流连忘返。

农家书屋室内宽敞、明亮，几条长桌整齐地摆放在中央，几排书橱上码满了书刊杂志光盘，有农科类、生活类、文学类……最显眼的还是那挂在墙上的那句话——"书籍是人类进步的阶梯！"

那是一个星期天下午，雨后薄雾轻笼，村部周围山丘更青，竹更翠，景色宜人。我们几个小书迷又同往常一样相约来到村部书屋准备过把读书瘾。可刚到书屋门口，只听小兰一声惊呼："哇，这么多人！"原来室内早已经挤满了人——大家都坐在长桌前翻看着各自手中的书刊报纸，浓浓的读书气氛充满了整个书屋。

每当我沉浸在书带给我的快乐时，便会梦幻般地想象自己能够拥有一座用书堆起来的房子。房子前，一片五彩斑斓的花，花香弥漫。一些青绿的树藤缠绕在房子上，开了几朵牵牛花。打开一扇用一本好大的书做成的门。进去后，浓烈的书香扑鼻而来。堆成小山似的书随处可见，《假如给我三天光明》《三国演义》《西游记》《一岁的小鹿》《上下五千年》等各种经典名著。一个书架搭成的床头前，挂着一个笔记本，里面记录着各种书的编号，资料。一边的墙上贴着一张纸条，上面写着：书读百遍，其义自见。要是真有这样的一座房子该多好啊。不过，我相信，虽然现实中没有这样一座神奇的房子，但是，我想，它就藏在每个人的心中，每个人的梦中。

书是人们理想的航标，它会指引人们到达理想的终点。人只有有梦想，才能展翅高飞。那么我想，书籍就是助我们展翅高飞的那双翅膀吧。

我爱"农家书屋"！它让我在书中找到了自我，找到了快乐！

给梦想一个开花的机会

许 静

静静合上《一百个美梦和一个噩梦》，品味着悠悠墨香中蕴藏着的深邃哲理，我不禁对本书的作者——周锐，产生了由衷的敬意与赞赏。

书中用现代的笔法，演绎了一个古代的故事：三国时期，诸葛亮启发女儿写作文，竟想出让女儿写自己美梦的妙招，并号召其他蜀国孩子一起写梦，将他们的梦编成了《一百个蜀国孩子的美梦》。结果书畅销到了吴国，被他的死对头周瑜知道了。周瑜照葫芦画瓢，想压压孔明的威风。他让儿子写自己的美梦，可儿子写出的梦他并不满意，非要篡改孩子的美梦，并编成了一本《一百零一个吴国孩子的美梦》。可书却卖不出去，倒是周瑜儿子写的传抄本《一个吴国孩子的噩梦》，被吴、蜀两国孩子们偷偷传阅。书中讲的是他父亲周瑜如何调教他写作文，硬要他写精忠报国的美梦。

全书语言幽默风趣，情节生动，读后令人忍俊不禁。作者把一个有关教育的故事写得趣味横生，人物情态惟妙惟肖，实在是太棒了！故事以三国时期为背景，抓住人物的性格特点，寓现代家庭教育的成败得失于诙谐幽默的故事之中，真可谓独具匠心！

我不禁想起另一个关于梦想的故事：一个男孩出生在干部家庭，从小喜欢音乐，有着音乐梦想。而他的父亲却认为他不务正业，总干涉他，不允许他把精力放在音乐上。父亲的干预并没有扼杀他对音乐的热爱与追求，反使他的梦想更加坚定。长大后，他组建了一个乐队。但乐队的发展并不顺利，几年后就解散了。他后来的生活一直贫困不堪，就这样过了一年，他总算找到了一份工作，把梦想放在了一边，开始打拼。有一次，他抱着试一下的心态，去参加了一个哥唱比赛，终于脱颖而出，成为全国五强。后来，他终于成了专业的歌手。

就像奥普拉说的："一个人可以非常清贫，困顿，低微，但是不可以没有梦想，只要梦想一天，梦想存在一天，就可以改变自己的处境。"故事中的吉杰与周瑜之子，他们的梦想虽然都受到父亲的反对，但他们不退缩，不放弃，我的梦想我做主！他人的干预，并不能让梦想半路夭折，只要将它深藏心中，梦想之花终会怒放！

给梦想一个开花的机会，你必将收获成功的芳香与甜蜜！

让爱延续

侯欣雨

"同学们！暑假大家要看一本好书哦！"班主任老师在放假的前一刻特意向我们交代。看什么书好呢？来到书店，我选来选去，决定看《最美中国人》。

一个个真实的故事，一幕幕感人的画面，书虽不那么厚实，但却触动了我的心，让我久久不能平静。

"爸爸，我可能出不来了，我求求您一定要答应我，我死后，把我的器官捐给需要的人。"读到这里，让我意想不到的是：这出自一个年仅十二岁的孩子之口。她叫何玥，广西桂林阳朔县的一个女孩，因为不幸患上了脑瘤，于2012年11月17日离开了我们，她捐献了两个肾脏和一个肝脏，延续了三位病人的生命。多么富有爱心的女孩，看着她的故事我不禁流下了感动的眼泪。我想：一个失去生命的人都能将自己的爱心延续下去，更何况我们活生生的人呢？我暗自下决心：我也要向她学习，将爱延续！

可是怎样才能将爱延续呢？7月的一天，我组织了一个爱心小分队，去往芜湖市儿童福利院，看望那里的孩子。我们大伙用自己平时积攒下来的钱为那里的孩子们带去了牛奶、饼干和书籍。我们和他们沟通交流玩游戏，顿时打成一片，福利院里传出阵阵欢笑。8月的一天，我们爱心小分队又出发了，我们去了芜湖市三山长寿中心，为那里的爷爷奶奶带去了慰问品，还表演了暑期我们特意为他们准备的文艺节目。看着他们脸上洋溢着快乐的笑容，我们的爱心小分队个个心里都美滋滋的。

9月、10月……我们准备将爱继续延续下去，也将扩大我们的这支爱心小分队。让班里的同学纷纷加入进来，让我们的爱心越聚越多，越聚越浓。我仿佛看到留守儿童背上了我们为他们带去的新书包，仿佛看到了孤寡老人用上了我们为她带去的米和油……我们也无比幸福地继续着……

我们的这些小小爱心，让那些需要帮助和渴望爱的人得到了精神上的满足，这是多么幸福的事儿呀！我决定，我要把爱心传递给身边的每一个小伙伴，你做我做大家一起做，让小爱心变成大爱心，这样我们的生活不是更美好吗？

不轻言放弃，但敢于舍弃

李 浩

我们每个人都拥有美好的理想，并渴望能够实现。但许多人经过一番努力，遭受了一些挫折后，便一蹶不振，认为成功如天上的星星——遥不可及。事情果真是如此吗？《换一种选择》为我们提供了问题的一种答案。

故事中的主人公伊辛巴耶娃，从小就非常喜欢体操，她渴望成为世界体操冠军。但命运似乎偏偏和她作对，她的个子越长越高，离体操冠军梦越来越远。她的"梦"碎了！怎么办呢？伊辛巴耶娃并没有放弃冠军理想，而是经过认真地思考和权衡，重新选择了一个新的运动项目——撑竿跳高。经过艰苦地训练，她终于登上了世界冠军的宝座。

读完这个故事，我感慨万千……伊辛巴耶娃成功了！这一方面是由于她的坚强和矢志不渝，在困难面前不低头、不言弃；但更可贵的是，她敢于舍弃。

试想，如果当初伊辛巴耶娃一味固守着体操梦想，那么哪怕她流再多的汗，付出再多的努力，恐怕也难以成为世界冠军。而可贵的是，她能忍痛割爱，舍弃自己原来钟爱的体操，重新选择新的项目——撑竿跳高，这是怎样的大智大勇啊！

事实上，在许多时候，我们没有取得成功，往往不是由于我们努力不够，而是因为没有选对前进的方向。"有时候只需拐个弯，你就能成功。"伊辛巴耶娃的成功充分证明了这一点。

当然，在任何时候，我们都"不能轻言放弃"，即不能放弃自己的理想。但在努力的具体方向上，我们却可以根据自己的实际情况，作一些必要的调整，即"要敢于舍弃"，扬长避短，选择更加适合自己的道路。

中国革命取得成功的历史，恰好也印证了这一点。正是以毛泽东主席为代表的中国共产党人，根据当时中国的具体国情，舍弃了错误的"城市中心论"，提出了"农村包围城市"的战略方针，最后夺取了全国的胜利，缔造了新中国。试想，如果当初一味地坚持"城市中心论"，那会导致怎样的后果呢？

"鱼，我所欲也；熊掌，亦我所欲也。二者不可得兼，舍鱼而取熊掌者也。"两千多年前，我国伟大的思想家孟子就告诉了人们要懂得取舍。我们青少年要想成功，要想实现自己的理想,又何尝不如此呢?

"每个人都有一定的理想,这种理想决定着他的努力和判断的方向。"20世纪最伟大的科学家爱因斯坦如是说。

朋友们,让我们"不轻言放弃,但敢于舍弃"。只要我们给自己确立合适的目标,加上不懈的努力,就一定能肩负起祖国交付给我们青少年的历史使命,就一定能实现中华民族伟大复兴的中国梦。

秋天的怀念

蒋双霜

岁月流转，时光静静地流逝。金秋的风，悄悄地拂过窗棂，轻轻地掀起清秋面纱。

我来到外公家，静静地站在那棵槐树下，槐花经秋风吹拂，一朵朵落下。我捡起一朵槐花，回想起那时的外公。

在我很小的时候，每次来到外婆家，外公总会带着我，拿一些麻袋铺在大槐树下，然后摸着我的头，笑着和我说："双，我们把槐花摇下来，晒干了喝香喷喷的槐花茶，好吗？"我听了一边跳一边拍手，叫起来："好啊好啊，又有香喷喷的槐花茶喝喽！"外公只是笑笑，领着我来到槐树下，说："来，我们抱着大树摇啊摇，树上的槐花就会被我们摇下来。你来试试？"我听了，迫不及待地冲上去，还嚷着："先让我来！"我跑过去，整个人撞在了树上。那树呢，似乎纹丝不动，只有两三朵槐花给我点儿面子，飘飘悠悠地落了下来。我不甘心，想要再冲一次，但最终还是被外公拦住了。外公慈祥地说道："要摇啊小傻瓜，你力气这么小，一个人怎么摇得动，撞得动呢？"说完，外公便上去抱住大槐树，使劲地摇啊摇。果然，槐花如下雨般，一个个落下来，乖乖地躺在麻袋上，一会儿工夫就摇了厚厚的一层，我和外公同心协力地把槐花收入袋中。

可现在，外公老了，背也驼了，已经没有力气再去摇槐树了。我真的好怀念那个时候，外公带着我摇槐花。

如今，我长大了，槐树老了，晒出的槐花也苦了。我静静地站在槐树下，捡起一朵被风儿吹落的槐花，闻着它的清香。"双，摇槐花啊！"外公弓着背朝我喊。可我却没有以前那股想摇槐花的劲了。

岁月流逝得这么快，以前的那些人和事，化作点滴斑斓，飞散在这个金秋的季节里。

快乐的田野

陈智皓

还记得那年，我、老爸、老妈，还有爷爷和奶奶，一起去田野里玩耍。

我和老爸在田地里捉蚂蚁、蝴蝶、螳螂。老妈呢，在田野里和各色各样的花合照自拍。唉，自恋的人真无可救药啊。而爷爷和奶奶呢，就一直在田野里打牌。

说起当时一件事来，到现在我还是忍俊不禁。

我们一直按照这个样子在玩。突然，我手里好不容易捉住的一只螳螂跳走了。

我大惊失色，大喊道："老爸，快过来，我的螳螂跑啦，赶紧帮我捉住它。"

老爸听到后，像精灵一样倏地就来到了我身旁。

我和老爸努力地想要捉住这只螳螂，但这只螳螂用尽全身的力量往前跳，往前跳，往前跳。我和老爸始终捉不住它。

过了一会儿，螳螂跳到了爷爷身旁。我大喊："爷爷，您身边有一只螳螂！"

爷爷转过头来，手也张开着，一张扑克牌也拿在手中。螳螂一直拼命地往前跳，就跳进爷爷手中了。螳螂突然感觉有啥堵住了跳不过去，本想往回跳的，又怕被我们捉住，只能一个劲地往前挤。爷爷觉得手心有啥东西在动。一想，也许是春风吹过，树叶在颤抖吧。

爷爷便不理我们，回过头来对着奶奶说："出。"一下子就打出了一张扑克牌和一只躺在扑克牌上的螳螂。爷爷奶奶盯着扑克牌上的螳螂，斜着脑袋疑惑不解，两个人完全蒙了。

我看见这一幕，马上转悲为喜，整个人都趴在草地上了，一边用手拍着草地，一边大笑。身旁的老爸也边捂住嘴巴，边用脚用力地往地上踩。当然，嘴捂得再严实，笑声也是溢出来了。连自恋的老妈看到这些，也在旁边笑得花枝乱颤的。最后爷爷奶奶也笑了。笑声穿过田野，穿过农庄，方圆五百里全被我们的笑声给湮没了。

哈哈哈，现在我又情不自禁地笑了！

我的作家梦

王 磊

当看到一个人有伟大成就时,我们往往并不知道,在这伟大成就的背后,他付出了多少努力,这对他来说是多么的来之不易!

不知从什么时候开始,我爱上了写作,但在我的写作过程中,却有着许多不堪回首的经历。第一次写作,难免会有许多问题,可以说是一次失败的经历。于是同学们嘲笑我,而我并不在乎他们的意见,因为我知道:梦想注定是孤独的一段旅行,路上肯定少不了质疑与嘲笑。但是千万别让别人的意见左右自己正确的决定,哪怕只有一个人,我们也能去实现自己的梦想!相反,我反而要感谢这次失败,它让我懂得了"失败乃成功之母"!正因为有了这次失败,我才更渴望成功,更努力地去写作。

第二次写作,虽然写得不是很好,但比起第一次,已经有很大的进步了。第三次，我又进步了……

　　在这一次次的失败中，我吸取了教训，失败让我与成功的距离变得越来越近。终于，我写的文章被老师当范文在教室里大声朗读，同时这篇文章也受到了大家的一致好评，我内心感到无比的自豪。这时，我恍然大悟：当一个人经历了许多次失败，但他仍没有放弃，那么这个人最终就会取得成功，成功是为那些迎难而上、坚持不懈的人准备的!

　　在我的写作过程中，不仅有失败，还有鼓励。这些鼓励就是一直激励着我前进的能量来源，这些都出自于我的老师。每次失败，是他一直在鼓励我，让我不要灰心，因为他，我才逐渐找回了自信，才会有这一次次的进步，我要感谢的不仅仅有失败，还有老师的鼓励，失败与鼓励是一盏路灯，照亮了我前进的路，让我在黑暗中看到光明，不再畏惧!

　　在人生的旅途中，既有坎坷，又有许多欢乐，每个人都有自己的梦想，我相信，只要我们坚持走下去，就一定会达到成功的彼岸，总有一天，我们的梦想会成为现实!

音乐之声

万贵春

音乐可真是一样好东西，它可以使疲惫的我得到放松；它可以使郁闷的我心情变得愉悦；它可以使焦躁的我变得平静，因此我梦想将来成为一名歌手。

早晨一起床，戴上耳机，来一首温柔似水的轻音乐，感觉身轻如燕。傍晚，跟着妈妈干了一天的农活，来一首活力四射的"迪斯科"，顿觉神清气爽，浑身又充满朝气。夜深人静了，做完作业，打个哈欠，听一曲舒缓的小夜曲，我可以酣然入眠。

我平时读书时，就喜欢一边看书，一边听音乐，我觉得这样读书才是一种享受。因为音乐让我身心放松，引领我在知识的海洋里遨游，自由自在，十分惬意。如果你有心，你会发现：音乐也有"酸甜苦辣咸"，样样味道具备，不同风格的音乐具有不同的味道，就像妈妈烧的菜一样。我非常喜欢音乐,不管是古典音乐还是流行音乐。当我听到一首悲伤的乐曲时,闭上双眼,脑海中就会浮现以前在学习上受挫的情形:本来信心满满,却遭遇滑铁卢,我的自信心深受打击不说,还要面对老师的批评;同学的讥笑;家长的斥责;心越来越沉,万分的委屈不知与谁诉。不知不觉,已经泪水涟涟……

当我遇到快乐的事情时,我就会特意找一些欢快的音乐来听,这会让我的快乐倍增。有时还会找一些进行曲来听,自然觉得情绪亢奋激越,甚至会跟着音乐的节奏,手舞足蹈。虽然我什么舞也不会跳,但只要跟上音乐的强烈节奏,挥舞手臂,扭动腰肢,自然又协调,也会自成"舞蹈",忘情时,仿佛自己就是敦煌飞天。此时此刻,自信又回到我的心中,浑身充满力量。

音乐的美妙令我痴迷,有时我会梦见自己成了一名歌手,站在巨大的舞台之上,绚烂多彩的灯光下,面对数万观众,用心灵唱一首首动人的歌谣。

童年趣事

文国鹏

童年是一片花海,而我们是这片花海中的蜂蝶;童年是一片沙滩,而我们是这片沙滩上玩耍的孩子;童年是一片星空,而我们是一颗一颗耀眼的明星。童年是美好、有趣和快乐的代名词。

说起我的童年,那可有太多太多有趣的事了。

就在今年,也就三四个月前,有一天下午,老妈做了我们一家都爱喝的小米稀饭。一见小米稀饭"上场"我开心极了,因为这可是我的最爱。如果多放点糖就更好吃了,可我知道老妈不会轻易答应我的这一要求,因为她认为我"偏胖"。经过一番软磨硬泡,妈妈终于同意了我的要求,让我可以在小米稀饭里加一点糖,只是再三强调:"只能加一点糖,一点糖,记住没?只能加一点糖,不能多加!"妈妈可真是我们家的"婆婆嘴",就连这一点加不加糖的小事就争论好一会儿,真是"重要的事情说三遍"。不管怎么说,我还是可以往小米稀饭里加糖了,"滋滋"小米稀饭加糖,那个滋味。我赶紧擦了擦我那已经快流下的口水,高兴地"蹦"着去了厨房,准备往小米稀饭里加糖。

到了厨房,奇怪,我没有看见盛糖的小盒子,却看见了一个新袋子,里面装满了白白的"糖"。我想,这一定是妈妈新买的糖。嘿嘿,被我发现了,可真是"来得早不如来得巧啊"。我蹑手蹑脚找来剪刀,剪开袋口,偷偷往碗里面多倒了一点。然后,我端着小心翼翼地走进饭厅,幸福到了极点,拿起勺子就要品尝。可谁知"半路杀出来个程咬金",妈妈突然要尝尝我的稀饭。"幸福头上来了一朵乌云",妈妈尝了一口,只见它眉头紧皱,连忙吐到垃圾桶里,一脸苦相。当时我非常不解,之后我才知道,我倒的不是糖,是味精呀!味精加小米稀饭,那味道,你可以尝尝,"好吃"得要哭。

童年的趣事多得像天空的星星,下次我会摘下更明亮的星星,更有趣的故事送给你们。

实验基地的趣事

蒋 磊

去年的一个星期一的早上,所有四年级的孩子都拖着行李,兴高采烈地去参加这一周的实践活动,当然,我也不例外。

所有的家长都眉头紧皱,一点笑容都挤不出来。平日里家长们小心翼翼呵护着自己家的"小宝贝",生怕我们会跌一跤,或是被电瓶车撞了……在校门口,每一个同学的家长都在跟自己家孩子说着注意事项:什么好好吃饭;什么晚上睡觉别踢被子;什么想家了就跟老师说;让老师打电话……可是,我的家长是例外,并没有絮絮叨叨的嘱咐,仿佛这就是我人生中一次必经的考验。

进了实验基地的大门,领了洗漱用品,我去了自己的宿舍,看到宿舍里有自己心仪的朋友,大家都笑了,笑成了一朵花,不!是比花还好看一千倍、一万倍的花。欢笑声,脚步声,说话声,整个基地热闹非凡。

实验基地的饭菜很好,我每一天都吃得很饱,当然试验基地的课程也很有趣。比如说"绿色种植""脸谱制作""馄饨制作""人防教育""模型飞机"等好多有趣的课程,其中我最喜欢模型飞机制作,这是考验你动手能力和动脑能力的一堂课。这堂课共分为两部分,上午小组合力制作一个模型飞机,下午小组里的每一个人都要自己完成一个模型飞机。上午的每个小组的成员都开动脑筋,大家齐心协力地做出了一个模型飞机,顺利地完成了任务。下午同学们一个个"明争暗斗",都想制作出最漂亮的模型。好在我以前有这方面的基础,经过三个多小时的"奋战",一架"完美"的模型终于诞生。我十分骄傲,还给我的飞机起了个名字,叫夏侯号。

美好的日子总是过得很快,五天实践活动很快就结束了。这段生活虽然过去一年了,可我常常在梦里又回到在实验基地!

乡村生活

何欣欣

乡村生活，无论什么时候，无论什么季节，都有一道独特、迷人的风景。

每当周末或放长假，我都对爷爷奶奶家充满了期待和向往，向往那种无拘无束的自由生活，在那里我尽情地享受着美好的时光。

春末，早晨五点左右，公鸡刚刚打鸣。我揉了揉惺忪的眼睛，看到奶奶早已把水烧好，拿起农具准备出去干活了，我问奶奶："你怎么这么早？"奶奶笑着说："奶奶年纪大了，睡不着，你是小孩子，正当长身体的时候，多睡会儿。"我想真好，我可以睡个懒觉，在家爸妈是绝对不允许的。我美美地睡了个"回笼觉"，七点多才起床，洗漱完毕，吃好饭，就开始了我的"巴巴罗莎计划"。

我悄悄拿起了长镰刀，再用布条扎紧衣袖、裤脚，带点儿干粮,拿了只蛇皮袋,然后戴上草帽,就去大山里游荡了。

来到大山脚下的一片毛竹林,展现在我眼前的是数不清的竹笋,有的刚刚从土里探出头来,有的已经一米多高了,粗壮的竹笋有碗口粗呢!我找到那种可能长不大的,用镰刀砍下,装进蛇皮袋里,三四个就够吃一顿了。不一会儿,就完成了任务,带上"战利品",哼着小调往奶奶家走去。

来到了一条小河边,河里的风光一览无余:一群鸭子游了过来,领头的那只鸭昂首挺胸,雄赳赳,气昂昂,像一个威风的大将军。它身后的鸭群,有的时不时把头栽入水中捕鱼;有的机警地望着四周,生怕有天敌攻击它……我呢,就坐在桥上悠闲地数鸭子。耳际不禁响起《数鸭子》的儿歌来,多么快乐!

傍晚,天边的红霞布满天空,微风中,归巢的鸟儿翩然飞过头顶,留下一片叽叽喳喳的"歌声",当最后一抹晚霞也消失了,整个天空暗了下来,我才恋恋不舍地离开了这里。

乡村的生活是多么的美好啊!那儿有湛蓝的天空,那儿有青翠的竹林,那儿有清新的空气,就连泥土都散发着一股清香味儿,它带给我的是永远美好的回忆!

钓 鱼

程 陶

星期天我和爸爸去池塘钓鱼，这次经历使我学到了很多小知识。

以前，我很少钓鱼，认识的鱼只有几种而已，而且对钓鱼的方法几乎一无所知，所以是个典型的"菜鸟"。

吃过早饭，爸爸带我来到池塘边。他耐心地教给我一些钓鱼的方法：先找到一块有草的水域，估计哪儿有鱼，再用酒泡的大米做诱饵，在草边撒上一把。爸爸说那叫打窝，是要把鱼引到窝边。接下来用鱼钩将鱼饵——蚯蚓穿好，最好蚯蚓能把鱼钩全部包住，将穿好蚯蚓的鱼钩轻轻放入刚才撒米的地方，耐心等待就行了。要是看见鱼线上的小泡沫沉下去或者浮上来，表明鱼已经上钩了，就要及时提起鱼竿，将上钩的鱼及时拉上来就行了。

我按照爸爸教的方法做了，不一会儿，还真的钓到一条二两左右的鲫鱼,我兴奋极了,爸爸也对我大加赞赏。接着我又钓到一条"黄丁鱼",钓上来时候它还唧唧地直叫唤,这让我感觉:钓鱼真的太有趣了。再看看我老爸,只钓到一条蚯蚓大小的小鱼,我感到十分自豪。但之后的事就让我笑不出来了。

  在钓了几条鱼后,我有些骄傲自满了,哼!爸爸老是说钓鱼是件很难的事情,需要极大的耐心,可今天看来也不过如此嘛,于是就心不在焉了。说来也怪,我一洋洋自得,池塘里的鱼就像知道我的心思一般,全都"销声匿迹"了,鱼线的小泡沫再也不见动静。可爸爸在对岸却"频频告捷",一连钓上了十几条,仿佛把我这的鱼全部都吸引到他那边去了。我准备放弃了。

  看到我把鱼竿收起来,爸爸猜出了我的心思,他用带有一丝讥笑的语气说:"刚才还信心满满,怎么一会儿就像只泄了气的皮球?看来你很容易满足嘛!你以前不是老说自己有恒心吗?今天我算是见识了你的恒心了,呵呵呵呵!"

  爸爸这哪像夸我有恒心呀,明明是反语啊!

  我赌气地说:"我是想换一个更好的位置,我是不会轻易放弃的!"

  于是,我重新拿起"武器",继续战斗……

  等了很长时间,我依然没有钓到一条鱼,好几次都想放弃,可爸爸的话老是在我耳边打转,我可不是个轻易服输的人。烈日下,汗水几乎湿透衣服,我坚持下来,等待希望的到来。功夫不负有心人,在钓上一条小鱼后,大鲫鱼就像中了邪,接连不断地上钩了,真让我喜出望外。

回家时,我和爸爸比了一下,虽然爸爸钓到的鱼比我的多,但我与他的差距不是太大。

这次钓鱼,我真正理解到了"坚持"的重要,许多人开始时也"坚持",他们距离成功可能只有一步之遥,可他们放弃了,只有坚持到最后的人才是真正的强者。

小 白 鸽

束 凡

有一次，我跟小姑姑去芜湖赭山公园玩。到了一处景点，只见无数白鸽飞来飞去，场面十分壮观。这令我想起四年前养过的一只乖巧可爱的小白鸽。

四年前，父亲在他们工厂附近捉到了一只小白鸽，一身雪白的羽毛，一双玲珑剔透的眼睛，一张小巧的嘴巴，让我一见便喜欢上了它，它也给我们带来无限的乐趣。

一开始我们将它关在一间我放玩具的屋子。这个小家伙初来乍到，却一点儿不紧张，在屋子里踱来踱去，还不时吃我们撒在地上的米粒。我们放了心，以为不会出什么乱子，没想到它也会作假。第二天，我兴冲冲地去看鸽子，一进去就被满屋的狼藉惊呆了——地上到处是鸟屎和残缺不全的书页。我猛地想起我的宝贝玩具，果不其然，珍藏两年的玩具不但没了，其他玩具也一个个被弄得支离破碎。没办法只好将玩具重新组装起来然后放在一个铁箱子里，将书整理好，放在两个大箱子里，将鸟屎打扫干净。过了个把月，它就对我们不陌生了，有时它还飞到我肩上，我们也不经常把门关着。它有几次飞出去了，但都回来了，我还给它起了一个名字——宝贝。每天喂它之前，只要一喊"宝贝"，它立刻飞出，一个漂亮的滑翔，轻轻地落到我面前，咕咕咕咕地等我喂它。

　　人有旦夕福祸，鸟也如此，有一次，它差点被别人囚禁了，成了盘中餐。

　　那天，我忘记关门，它不知道什么时候飞了出去，我到处找，找到大坝塘边都没它影儿，我急得都快要哭了，但还是不死心，继续寻找。后来遇到放虾篓子的杨伯伯，他告诉我，我家的白鸽子正被邻村一户人家逮到，关起来了。我立刻跑到邻村的那户人家门前，询问是否逮了一只白鸽，一开始那人还不承认，幸亏我机灵，用平时的称呼去要回我家的鸽子。没想到，鸽子还真有灵性，我连声呼唤："宝贝！宝贝！"就听见一间小屋里面传来"咕咕咕咕"的叫声，这绝对的宝贝的回应，这人不好再三坚持，打开了小屋子的门，宝贝扑的飞出来，一见到我就落到我肩上。我驮着它，唱着歌儿回家。

　　后来，我们村都拆迁了，我将鸽子放回了大自然。我觉得它再好也是属于大自然的，让它回到属于自己的家吧。

　　不知道现在它过得好不好。

倾听鸟语

黄艳婷

我爱鸟，更爱倾听鸟语。

我们村算一个典型的小山村，二十来户人家散落在一座小山坡上。村子里有很多树，香樟是最多的，杉木也不少，还有楝树、香椿、刺槐和油桐，另外有许多我都叫不上名字的"杂树"。果树也有很多，家家户户的房前屋后都会种上几棵桃树、枣树和柿子树，春夏秋都能吃上自家产的"水果"。有树就有鸟，树多鸟也多。

春天刚到，云雀和白头翁就来了，它们在枝头寻觅一些去年冬天剩下的"楝树果子"，有时争得不可开交，甚是热闹。灰喜鹊在十几米高的巢边喳喳喳喳地叫着，可能是为了吸引异性。

春末时节，燕子也来了。它们先是忙着在屋檐下或房梁上筑巢，整天不停地衔来豆瓣大的泥块，一点一点地垒起一个精致的小窝。燕巢筑成后不久,一声细细鸣叫从屋檐下传来,能让你的心为之一颤。成年的燕子刚一到巢边,就有几个小脑袋从窝里伸出来,黄色的喙张得老大,接着是更多细声细语的鸣叫,乳燕呢喃原来能让人听得心软。

夏初,麦子泛黄的时候,天还没亮,黄鹂鸟就亮开了嗓子:"大麦黄黄,大麦黄黄了!"布谷鸟紧跟其后,不紧不慢地叫着:"布谷——布谷——"还有一种我不知名的鸟儿,在天空将要下雨时急促地叫道:"滴水、滴水……"

秋天的田野里,麻雀是最忙碌的,它们似乎是"群居"动物,常常是几十成百地聚在一起觅食。刚刚收割的水稻田里,总有许多洒落的稻谷,成群的麻雀便会展开地毯式搜索。尽管它们在专注地觅食,但警惕性依然很高,有人在麻雀群旁边经过时,它们就会"哄"的一声,呼啦啦飞到几十米外的地方,继续寻觅谷粒。

鸟语可能是世间最美的语言。有烦恼时,我常常到村东面的一片幽深林子里,静静地躺在柔软的草地上,看小鸟们在枝头飞来蹿去,听绿荫深处传来的幽幽鸟鸣,忽断忽续,忽远忽近,似乎觉得自己的灵魂出了窍,随着那幽幽的鸣声在空中飞翔。

有时,我会像那个"忧天的杞人"一样想:假如将来天空见不到鸟的身影,假如林中听不见鸟语,那我们会多么寂寞。所以啊,还是多爱一点鸟类吧,因为世上少了它们就听不到那动人心弦的"歌"了。

我 和 小 黑

宗叶敏

它，身披一件柔顺的黑色大衣，两只黑珍珠似的小眼睛总是眨呀眨的，透着一股精气神，它就是我儿时的玩伴——小黑。

小黑是爸爸在我十岁时送给我的生日礼物，在我家的地位可想而知，它与我已相伴四年，真可谓是我的"密友"。

小黑虽然是只普通的小狗，但它的许多行为都曾引起我的好奇。

小黑刚到我家时，一次我惊奇地发现它喝水的姿势与我不同，就蹲下身子仔细观察起来。只见它先在水前站稳，伸长脖子靠到水面一两寸的高度，再伸出长长的舌头去轻轻触及水面，之后又迅速缩回舌头，并且不断重复这个动作。伴随着吧嗒吧嗒的响声，水面泛起一圈一圈的波纹，大概一两分钟后就好像喝饱了，之后把头像拨浪鼓一样左右摇晃几下，满足地离开了。于是我也尝试用小黑的方法去喝水：端来一杯温开水后，放到面前，一伸脖子，再伸出舌头，正好可以触及茶杯的水面，像小黑那样不断重复了多次，结果除了舌头有点湿润的感觉以外，并没有喝到多少水，因为杯子里的水几乎没有浅。

中午遛狗时，小黑拖着狗链要把我往水池边拽，估计这家伙又渴了，便放松了链子跟在它后面。小黑和以前一样，一到水边就痛痛快快地喝起来，我凑到小黑跟前，盯着它的舌头看了半分钟，恍然大悟：原来小黑喝水的动作并不是我想象的那样，当它的舌头触及水面时，舌尖的方向不是向前，更不是向下，而是略微向上卷起，就像一只小勺子那样把水"舀"到了嘴里。回家后我赶紧如法炮制，效果还真不同，似乎多喝了一些水，不过舌根有些酸酸的，并不舒服。算了还是用人类的方式喝水吧，不仅来得方便，也喝得痛快，呵呵……呵呵……

后来，因为爸爸要小黑去看果园，我和它就两地"分居"了。虽然现在小黑已经不在我的身边，但在我的脑海里时常浮现它的模样，仿佛它就在我的身边，蹦着，跳着……

猫

占震浩

住在老家那段时间，去上学时我总会走一条小路，虽然近很多，但因为这小路要穿过一些人家的院子，我花了好几个星期才摸熟了路。

记得我第一次走这条小路，就不慎闯入了一户人家的院子。"这里我从来没走过，好像走错了。"我这么想着，正欲退回，却感觉有什么东西扯住了我的裤腿，我回头一看，是一只猫正用爪子抓我的裤子。

察觉到我的目光，它弓着腰，全身毛猛地炸起，一双绿莹莹的眼睛死死地盯着我，似乎是怕我不怀好意。我哑然失笑，心说这家人倒养了只好猫，会看家。

我俩"对峙"了一会儿，它见我没什么举动，全身毛就安分了下来。我这才看清了它的模样：全身乌黑，只有肚子和脚有几撮白毛。倒也是只漂亮猫，就是有些瘦，可肚子不小，叫声有些急切，像是几天没吃饭了。

我一时起了怜悯之心，拿出随身带的零食喂它。吃完后它竟然就对我没了戒备之心，慢慢地靠近我，最后甚至就在我身上蹭来蹭去，不时还发出"喵唔喵唔"的叫声，可爱极了！我兴起，逗了它一阵，直到想起快要早读了，才离开。

此后，我上学时每天都走这条近路，这样就能天天都见到它，喂它，逗它，乐此不疲。时间久了，我一来它就兴奋地一边叫一边跑来，俨然成了我的猫，如果不是它有主人的话我肯定把它带回家呢！我突然想起了它的主人，说起来这户人家大门一直紧闭，哪天来都一样，会不会搬家把猫丢下不管了？我在心里狠狠鄙视了他们一顿，太没爱心了！难怪它瘦得皮包骨头，也不知道几天没好好地吃过东西了。唉，可怜那！下次我多带点东西来。想着我对它说："小猫，你家主人不要你了，以后我照顾你，我不会丢下你不管的，放心！"也不知道它听懂没有，只看到它好像很高兴地又"喵呜喵唔"地叫起来，看到此情景，我十分高兴，似乎预见了下次我与它的相见，它还是一如既往地温顺，看见我来就高兴得像个充满期待的小孩子，睁着大大地眼睛猜想我又会带来什么……

秋天到了，连下了二十几天的雨，那条近路积水很多，实在不好走。我好像三四个星期没见到那只猫了，还真有点想念它，不知这几天它过得怎样？

终于天晴了，我带上一大包零食，满怀憧憬，期待看见那个美丽瘦小却又带给我无限欢乐的那只小猫，一边欢叫着一边向我跑来。

我来到了老地方，却没看见它，我也没奇怪，可能生我气了吧！也许正躲在哪看着我也说不定！我想着，四处寻找，院子里没有，便来到房子后面。我与它玩时来过这儿，这儿有一个茅草屋，不大，可能是原来主人放柴薪的，这可能是她的家吧。

我凑近了那个屋子，往里望，果然看见了它，我欣喜地抱起它，手上冰冷的触感使我瞬间呆住了。

它死了。

模糊中我又看见几只小小的身影，是它的猫孩子！猫孩子浑然不觉母亲的死亡，依旧围在它身边，又叫又转。我的鼻子一阵心酸，默默地站了片刻，蹲下来，抱起那三只小家伙，带回家了，就当是对它的补偿吧，让它走得安心。我已经辜负了它一次，不想再有第二次了，即便它是一只猫。

时间过得真快，我那天带走了三只小的，现在已经长大了，看到了它们有几分母亲的影子，我很欣慰。

我时常会想，我偶然发现了它，也许它曾信任过我，可我依旧辜负了它，即便它只是一只猫。现在我只希望，它的灵魂能在地下得以安息。

品味自然

品味自然

潘美玲

  我喜欢品味自然的感觉，喜欢一个人躺在田野里，品味蓝天里白云的洒脱，品味青草和野花的馨香。轻风温柔地亲吻着我的脸颊，我享受着自然的拥抱。此时，时间好像停下了匆匆的脚步，我的脑中只有大自然的美丽倩影。

  品味自然，心灵会享受到自然的沐浴。品味自然，品味鲜花缤纷的色彩，翻飞的彩蝶，沁人心脾的幽香；品味自然，品味茂盛的庄稼，郁郁葱葱的树林，清凉的河水；品味自然，品味黄昏飘飞的金黄树叶，成熟的瓜果，沉甸甸的收获；品味自然，品味白茫茫的大地，凌寒独开的红梅，温暖的阳光。走过自然的四季，心就会浸透着自然的灵气。

  太阳从东方升起的时候，我总喜欢一个人静静地手捧着书卷，坐在草地上，任凭晨风吹起头发，任凭朝霞悄悄地爬满肩头。我虽然不能像李白那样游遍祖国大好河山，虽然不能像毛泽东一样中流击水，浪遏飞舟，但我可以置身于自然，品味朝霞。这样面对未来的挑战，便拥有了无穷的力量。

漫步于"虫声鼎沸"的田野，徜徉于溪水潺潺的山间，品味山的仁厚，品味昆虫的灵性，心中便会充满爱意。自然给予了我们生活的物质基础，提供了生活的环境，还会告诉我们很多道理。品味自然，你会品出什么是虚怀若谷，什么是慷慨无私，你会品出什么是心灵纯净，什么是生命升华；品味自然，你会懂得给予和收获，懂得宽容和博爱。

孔子从东逝的流水，品味出时间的易逝；王维从明月清泉，品出了佛意禅心……品味自然，我们将会从自然中汲取生命的欢乐，获得人生前进的力量。

在学习生活中，有许多苦闷，有时我们也许难以承受，这时我们可以背依一棵大树；可以欣赏一株雨后的绿草；可以品味一滴折射霞光的露珠，排解心中的压力，重新获得前进的动力。

品味自然吧！我们可以品味到自然的美妙，也可以品味出灵魂缤纷的色彩……

秋天，霜晨归渔

董璇

水波，荡漾开；太阳，还未完全升起；江面，被淡淡的冷雾笼罩住了；渔船，在江中缓缓前行；渔者，静立在船头。忽地，一用力，朝江中撒下圆圆的渔网。

"呼……"捕鱼的少年长吐一口热气，使劲搓着冻得冰冷的双手，试图让自己暖和些。余光瞥见另一艘收获颇多的渔船，心下有些羡慕。少年静静等候，等鱼儿自己撞入渔网。估摸着时间差不多了，少年轻轻握住网绳，缓缓地拖回了渔网。咦，怎么一条鱼也没有？少年有些丧气，但瞬间，灿烂的笑容又回到了他脸上——今年是个丰收年，家中收获可多了，这次失败不要紧，以后加倍补回来便是！

水，荡漾开，少年站在船尾，轻摇着小桨。他的动作如此轻柔，生怕碰碎了江水香甜的梦。这个霜晨如此宁静……

草

徐敏娣

"离离原上草，一岁一枯荣。野火烧不尽，春风吹又生。"这是诗人白居易笔下的草。它在我们的生活中十分常见，可是又有多少人真正注意过它们呢？

初冬的早晨，地面上往往下满了白霜，在阳光的照耀下，如钻石般晶莹剔透。此时，路边的野草就像一个个披着迷人演出服的木偶，一动不动的样子。到上午八九点钟时，太阳公公已经出来有一段时间了，你会发现霜都已经融化了，变成了一滴一滴的小水珠，嘻嘻哈哈地从草尖上蹦下来。听！极细微的"滴答——滴答"声仿佛是这些顽皮的小家伙在一起为大自然在奏乐呢！此时，采一片草叶，放到阳光下仔细端详，你能看到叶子上清晰的叶脉，那些纵横交错的叶脉好像在对我们诉说着它的成长经历。中午的阳光照射到小草身上时，它越发绿了。这是为什么呢？从物理学的角度来说：这是因为光的色散，因为阳光是由红橙黄绿蓝靛紫七色光组成的，当七色光草叶不透明的表面时，草叶吸收了除绿色光以外的其他光，而放射了绿光，所以我们会觉得小草颜色更绿了。时间一分一秒第过去，到了晚上小草们都进入了梦乡，冬天它们就会枯萎，来年的春天它们又会与我们见面。

一株小草也会带给我们许多启发：冬天来了，春天还会远吗？同学们，生活中其实并不缺少美，只是缺少一双发现美的眼睛。

芽　芽

方　婷

我家的屋后，原来是一片宽阔的"草坪"（说是"草坪"其实都是野草），与一个小山坡相连。为给我解馋，爸爸在那片草地上种上了许多果树：有桃树、梨树、枣树和板栗等，只保留了十几个平方米的"草坪"。这不仅为我这个小馋虫提供了不少好"果子"，也为我提供了一个看书的好地方，我称之为"乐土"。因为面积大，也没有围墙，所以隔壁的小朋友和牛羊也经常光顾这里。

春天来了，柳枝上已挂满了嫩绿的新芽；桃树也举着满树红艳艳的桃花；那带着"剪刀"的燕子衔着春光，飞来飞去，使人觉得春是那么甜，那么亮。

放学后回家，我几乎每天都会搬一张小桌子在我的小"草坪"上，看看书、做做作业。一场春雨过后，我猛地发现：原来还是赭黄的草地有了绿意，我的小"草坪"又要焕发青春了。刚刚破土的小芽芽,还是可怜兮兮的,就只有两片小小的叶子露出了土面。不过小芽芽的决心大,才露出的小脑袋就把一个亮晶晶的希望高高地举起来了,才长出的两片小叶子就把美丽的春天紧紧搂在怀里了。每一个尖尖的小芽芽,第二天就变魔术似的成了小叶子,那种嫩绿,令人心醉。

不到一个星期,我的小"草坪"就已经恢复了往日的风采。看着满眼的绿,心中是那样惬意、自在。尤其看着那些小芽芽,我最开心,以至于我改变了主意:只在家里看书,不忍心在"草坪"上踩一脚,就连走路的脚步也轻了,生怕震落了芽芽尖上的露珠。

一天放学回家,我甩下书包,就去看望我的"草坪",可眼前的一幕让我惊呆了:一群羊在我的"草坪"上肆虐,几只母羊和小羊正低着头啃食"草坪",领头的公羊还在与另一只公羊"战斗"。我赶紧拿起身边的扫帚轰赶羊群,很快羊儿就落荒而逃了,可我的"草坪"早已面目全非,除了一大半的嫩草被羊群扫荡了,地面上还留下无数的羊脚印,领头公羊战斗过的地方更是一片狼藉。我当时那个心疼啊,真恨不得把那群羊都给杀了,那天的晚饭我只吃了几小口。

接连几天我都没有去看望我的"草坪",我怕看到那凄惨的一幕又会令我伤心不已。一天放学后,我还是忍不住去了,毕竟我很牵挂它的。当我打开后门时,奇迹发生了：原来满目疮痍的"草坪"又恢复了原貌。真不可思议，还不到十天的时间，"草坪"竟然又生机勃勃了。我再细细打量，原来很多的草叶虽然有破损，但有更多的芽芽在执着地望着天空。我内心感到了一阵痉挛：是芽芽，原来是芽芽拯救了我的"草坪"，我兴奋地在地上转了好几圈。

　　从此，芽芽成了我心中的偶像。其实，人理应比小芽芽更坚强，摔倒了，怕什么？"从哪里跌倒就从哪里爬起来"，只要有一丝希望在，就有百分之百的理由享受春光。

窗外的白菊花

王丹婷

北风呼啸着,一瓣,两瓣,三瓣……细细的短短的像豆芽儿般的白菊瓣飘来。

一个身影出现在菊丛间,小小的红扑扑的脸蛋,身穿一件红外套,一双破了洞的鞋子套在脚上。她弯下腰一个一个地捡起落下的白色花瓣,把捡来的花瓣小心翼翼地装入口袋中。她蹦蹦跳跳地回到家中,用一根细线把它们穿在一起,跑到小河边,轻轻放入水中。上游的水把这根白丝带冲向下游。她笑了,笑容就像菊花在她脸上绽放,她是多么开心哪!回到家,一个女人看见她,就吼道:"菊儿,你这小妮子,又去瞎玩啦,不好好看家。""妈妈,不是,我是去找爸爸的。"小菊儿一脸委屈。妈妈的脸顿时黯然,她牵着菊儿的手说:"走吧,回家。"谈起菊儿的爸爸,不得不提起以前的事。

从前菊儿的爸爸特别喜欢白菊花，所以在自家窗前栽上几株白菊。菊儿的名字就是他爸爸亲自取的。菊儿小的时候，爸爸经常带小菊儿去山野间玩。他们在空旷的野地里欢快地奔跑着、追逐着，野花听得见他们的笑声，野草看得到他们的开心。菊儿喜欢摘下几朵野菊插在爸爸的头上，爸爸也喜欢用野菊花逗菊儿玩。窗前的几株白菊是她爸爸最喜欢的，也是菊儿最喜欢的。大约在菊儿六岁时，那天菊儿过生日，小菊儿捡了许多菊花瓣用细绳穿连起来挂满屋子，她非常开心，坐在桌前等爸爸回来吃饭。她左等右等，怎么也不见爸爸的人影。突然，一个气喘吁吁的人闯进家门说："大嫂子，不好了，你家顺子为了救一个落水女孩，被水冲到下游去，可能已经……"不等那人说完，菊儿的妈妈放下手中的活，赶快跑去河边，看到顺子僵硬的身体，立刻扑上去痛哭起来，随后跟来的菊儿定定地看着这一切。

从那以后，只要菊花开放时，就看见菊儿用细绳穿着菊瓣放在河里，看着它随河水漂向下游。每当有人问她："菊儿，你在干吗？"菊儿总是笑盈盈地说："我在等爸爸回来呢！"说话的人看着这个可怜的孩子，只好叹了叹气。次数多了，不忍心看菊儿无望地等下去，就说："菊儿，别傻了，你爸早死了！""不，爸爸没有死。爸爸到下游去赚钱，给我买好吃的，给我买好看的衣服。他还要回来给我过生日呢！"直到现在，她还在等爸爸，等爸爸和她一起捡菊花瓣、一起穿菊瓣。

　　后记：风能把菊花吹落，一片片地吹落，但它永远吹不落人间的亲情，吹不落孩子等爸爸的希望。

玫 瑰 花 开

董慧艳

因为心情不太好，所以我独自一人出去散心，漫无目的地走着，也不知道走了多久，仔细看身边"风景"时，才发现我迷路了。

既然已经迷路了，索性就再走下去吧。走着走着，我发现令我惊奇的一幕：一大片望不到边的蓝色花海展现在我眼前，蹲下身去看，这些花是蓝玫瑰，事实上它们全是花苞，并没有绽放。尽管如此，这么一大片蓝玫瑰花苞还是异常美丽的。正当我尽情欣赏美景时，一只手拍了拍我肩膀，我快速地转过身去，一个穿着蓝色连衣裙的少女笑盈盈地看着我，长长的头发披在身后，一双特别好看的月牙眼。她是守护这片花海的精灵吗？

那个少女主动跟我说话："它们漂亮吗？"我一时有些反应不过来，见她的视线放在了这片蓝玫瑰上，我反应过来:"很漂亮!可是它们什么时候绽放呢?如果绽放了一定更加漂亮吧?""很多人都这样问过我。但我也不知道,我已经守护它们三百年了。"少女有些出神地望着玫瑰轻轻说道。

我惊奇地问:"你难道真是这片花海的守护精灵?"少女转过头微笑说:"对呀!我是守护它们的精灵,可是我想离开这里,神对我说只要蓝玫瑰绽放,我就能离开了!但是我要不断地实现每个来到这里的人的一个愿望,花才会开。"说到这里,少女露出了忧伤的神情。

我静静地望着她,突然想到了自己,自己一直想逃离父母的管束与唠叨,一直觉得生活很累,不断地考试、写作业、挨批评……以前我很想有一个这样的地方呢!没有了烦恼也没有了喧嚣,天天生活在不被打扰的空间,那该有多安逸?可是,眼前的少女就是过着这样的生活,我没有看见她有多快乐,反而是对繁华的渴望,也许这样的生活并不好,枯燥无味。

"你来到了这里,那我得帮你实现一个愿望,说吧,你有什么愿望?"少女问道。我说:"你为什么想离开?"少女也不着急实现我的愿望,友好地解释:"我希望到一个多姿多彩的世界,有快乐、有烦恼、也有伤心的事,为某些事奔波,为某些事开心或伤心。虽然累,但是充实、完整。"

我欣然一笑,缓缓地说:"我的愿望就是这片花海能绽放！"少女惊讶地望着我，神奇的事出现了，所有花苞都绽放了，如天空一般的蓝，如梦幻一般的蓝……我看见少女的身体渐渐变得透明，她终于可以实现她自己的愿望了……

"丁零零！丁零零！……"我不情愿地睁开眼，阳光已经照进房间，我看着窗外碧蓝的天空，原来只是一场梦呀！新的一天又开始了，我蹦下床来，感觉精力充沛，一副满血复活的状态。"姐，吃饭了！""好，我马上来。"听着弟弟的声音，我发现生活如此精彩，烦恼什么的，一定是每个人一生中都会有的东西，不是吗？都是人要经历的，不是吗？呵呵！

听雨哭的声音

占雨新

窗外，雨哗啦啦地下个不停，像新手在练习弹钢琴一样，杂乱无章。面对眼前一沓厚厚的书，我无奈地摇摇头，扭过脸，望着窗外，却思绪难平。

记得也是在这样的一个雨天，我从亲戚家回来，路上接到妈妈从医院打来的电话，摁下接听键，只听见电话那头传来妈妈急促而又哽咽的声音："雨新，你……奶奶……刚刚……刚刚走了。"刹那间，我整个人呆住了，被这个突如其来的噩耗吓得不知所措。手中的雨伞晃落到地上，任凭雨点像皮鞭般无情地落在脸上，却毫无知觉，眼泪夺眶而出，与雨水混在一起，分不清咸淡。雨儿似乎也陪着我哭泣。半响才回过神来，捡起晃落的雨伞而又无力地撑起，我拖着沉重的脚步和被淋透了的心疲惫的回到家。看着狼藉一片的房间，我重重地倒在床上，感觉像梦一样的虚幻。

　　轰隆隆，天公发怒了，雨也下得更大了，更密了，密得让人喘不过气来。狂风扑打着窗玻璃，愤怒地号叫着，好像在宣泄它的不满。整个房间是那么的阴暗，暗得可怕。想开灯，可电停了，只有点上蜡烛，这微弱的烛光在黑暗中又能起到什么作用呢？显然微不足道，同时还被从窗缝中挤进来的风蹂躏着，烛光慌乱摇曳，忽然蜡烛熄灭了，如同我最后的侥幸心破灭了一般，一切是那么的迅速，让人猝不及防。

　　此刻，雨仍旧未停，还在淅淅沥沥地下。我趴在桌子上静静地听着，雨哭了，她哭了，雨为我的不幸哭了。它啜啜泣泣地，不敢高声，唯恐惹烦了我。而我，也只有静静地聆听，聆听……

　　回想过去，奶奶对我的种种疼爱我是那么的幸福，她总是把最好的留给我，面对我无心的要求，她总会想方设法地去满足我。而现在，一切都变成了过去，遥不可及了。

　　面对老天，我愤怒，我无奈，我咆哮着："为什么，为什么要夺走我最亲爱的人，这到底是为什么呀！"我的质问却换来它无情的沉默，呵，老天也心虚么？

　　渐渐地，沉默安抚了我受伤的心，望窗外，留得残荷听雨声……

2019，我的夏天

黄　燕

2019年的夏天，比以往的夏天要热得多，但我在这个炎炎夏日中，学会了很多。

初夏时，天气还很凉爽，我的表妹送给我一双新的轮滑鞋，粉红色与白色相间，看起来酷极了。那天表妹送鞋给我的时候，我迫不及待地拉着表妹来到了广场上，穿上了我的轮滑鞋，一脚伸出去，向后一滑，"啪"摔了个两脚朝天。表妹将我扶了起来，等我抓住了一个树枝站稳了，她就穿上了她的黑白相间的轮滑鞋，前脚一跨，后脚一蹬就滑向了广场中央，表演了很多优美的姿势，最后来了一个"金鸡独立"停在了我的身边。我也学着表妹那样前脚一伸后脚一蹬，但后轮有些不听话，向后一滑，让我摔了个"大伦敦"，疼得我坐在地上直抹眼泪。表妹将我扶起来，叫我先蹲着点，一点点向前滑，我也就照她说的做了。但滑了一会后，身体还是失去了平衡，滑轮在地上画着"八"字，最后向左边一歪，便又摔倒了，裤子左腿膝盖上破了一个洞。我坐在了地上脱掉了轮滑鞋，换回了原来的鞋子后再也不想起来，生怕一起来又要摔倒，心里责怪自己没用，萌发了放弃的念头，表妹在一旁叹气："姐姐，这双鞋你先收着，什么时候想学了，我再来教你。"我点了点头，拎着轮滑鞋沮丧地回到了家。

回家后，奶奶看我的裤子破了一个洞，问我怎么回事，我原原本本地把这件事告诉了奶奶，奶奶说："做一件事就要尽自己最大的努力，奶奶对你有信心。"奶奶的话让我想了很久，越想越觉得自己不应该放弃。于是，我又拿出那双轮滑鞋，叫上表妹一起去了广场。

炎炎夏日，热浪滚滚，可我在广场上不停地练习着，任凭汗水湿透了衣裤，也不知摔了多少跤。渐渐地，我的技术好了起来，几天后，我终于学会溜冰了。

2019，我的夏天，炎热并没有打败我。在这个夏天，我终于学会了滑轮滑，也知道了一个道理：坚持就是成功的基石！

我向往的青春

金 茹

我从小就希望自己早点长大，变成大人。在和小伙伴们玩耍时，我总喜欢充当大人的角色，吩咐你做这个，吩咐他做那个，时不时在别人的面前炫耀自己的成熟。我盼望自己早点长大，因为长大了，没有了父母的严加看管，也没有了老师的叮嘱，我可以做我想做的事，想过我无拘无束、无忧无虑的青春生活。

我喜欢旅行。早晨，迎着朝阳，一家快乐的驾车去黄山，登山赏峰。在半山腰，雾气腾腾，宛如人间仙境。周末，一家去崂山海边吃海鲜，穿着潜水服，去海中与海豚嬉戏……

生活条件好了，家里的物品丰富了，吃的、喝的、用的应有尽有。垃圾自然也就多了许多。不用愁，叫一声"贝贝"，一个仿真机器人来到你身边。捡垃圾、擦桌子、擦地板、洗碗这些家务活它都会。你若累了，打声招呼，它会给你做按摩。看小说，遇到不认识的字，它会告诉你这个字怎么读，什么意思。晚饭过后，它会习惯性的给你沏上一杯绿茶。早早地将浴缸里的水温调好，好让你一天的疲劳消失在温水中。每天读名著是我的习惯，它也是我的精神食粮。名著告诉我怎样做人，怎样面对生活，科技发达的今天，人更需要高尚精神的指引。

　　呵呵！这样的生活真让人向往！我渴望自己早点长大。

人生驿站

程学思

> 每到一个驿站，即意味着上一段旅程的结束，更是一段新旅程的开始。
>
> ——题记

时光匆匆，转眼，我已经是六年级的学生了。

还记得刚进小学校大门时，一切都显得那样新鲜，那样有趣。我们用稚嫩的小手一点儿一点儿地描绘着关于我们未来的蓝图。

转身回眸，身后阳光正好。一张张的笑脸时不时地浮现在我的脑海中，脸庞有挂满泪水的笑，有露出八颗牙的标准微笑，还有"不知天高地厚"的傻笑。

运动会上，你们努力拼搏的身影；元旦表演时，那一张张可爱、自信的脸；看书时，你们那过分认真的侧脸。

这一幕幕，似乎在脑海里扎下了根，似乎永远都定格在我的脑子里了。

我会记得：记得你们的脸，你们的笑，你们的名字……

我想，可能一辈子也忘不了了，六年，两千一百九十个日夜，五万二千五百六十个小时，这期间，有过欢笑，也有过辛酸。

六年前，我们为了一个共同的目标走到一起，各自努力。

六年的时光如白驹过隙，悄然在指尖滑落，希望六（2）班的每一位同学在明年六月，好好发挥，其实真正可怕的不是奋斗路上的困难，而是因畏惧与怯懦而丢失自我！

即将结束自己的小学生活，虽有不舍，但更多的是对未来的憧憬。

加油！各位！

因为青春，所以不曾畏惧

王自清

在青春的赛场上，我们听着梦想的召唤，一路狂奔。即使跌跌撞撞，也要一路向前，因为青春，所以不曾畏惧。

汗　水

"加油！快跑呀！加油……"一声声稚嫩的呐喊在这个撒满汗水的跑道上回荡着。好奇的我渐渐走近了，原来是一群小男孩在进行他们的长跑比赛。

我向跑道看去，有一个又瘦又小的小男孩吸引了我的目光。他正艰难地迈着步子，无力地摇晃着双手前行，他前面还有一个壮壮的小男孩，已经超过他半圈了，看样子这场比赛已毫无悬念了。虽说已是下午，可太阳的锐气丝毫未减，我原以为这磨人的天气和这毫无悬念的比赛会使他中途放弃。但出乎我的意料,他的目光始终紧紧地盯着终点的方向,拖着沉重的步伐一步步靠近终点,一点点接近属于他自己的胜利。

"你终于做到了!这么多天了,你还是第一次中间没有休息直接到达终点的呢……"他的伙伴们在旁边喝彩,瘦弱的小男孩却已筋疲力尽地瘫倒在地上,大汗淋漓。这一刻,太阳好像没那么刺眼了,金色的阳光在孩子晶莹的汗珠上折射出格外耀眼的光。

我沉默了,脑海里的那一丝不甘又将我带回那个季节。

难　　过

那是我进入小学以来的第一个运动会,班里的体育尖子生们都纷纷报了名。也许是第一次吧,我也格外热衷于这件事,我希望可以给自己留下一些珍贵的记忆。

"我要报八百米长跑。"我话音未落,体育委员便惊讶地抬起头,迟疑地问道:"你?你确定?"好吧,对于体质较弱的我来说这个决定是有些不可思议,可我就是想挑战一下自己。旁边的同学们听到我们的谈话也纷纷过来打击我。"你要参加八百米?哎呀,这不是自讨苦吃吗?别的班参加的可都是长跑高手呀……"

听着同学们的话,我犹豫了。是啊,我肯定会输的，而且肯定会输给人家一大截，到时候大家笑话我怎么办……想到这些，我退缩了，我划掉了我的名字。

大家这才放心下来，最终，我错过了这个机会。

坚　　持

运动会结束那天，班主任意味深长地跟我们说："竞技，它只是一种方式，重在参与，重在精神。只要你不畏惧、不退缩，只要你努力了，流了自己拼搏的汗水，你就是好样的！不要为自己的暂时落后而灰心丧气，不是所有人都能坚持到终点。"

班主任的话就像一场迟来的春雨，滋润着我已枯萎的错过，它变成一粒新种子，在我的心里悄悄地发了芽。

时光荏苒，好似白驹过隙。如今我已是一名六年级学生了，第二次、第三次的校运会我都报了名。即使还是有那么多的质疑，即使还是有一千个要我放弃的理由，可我还是不愿再次错过了。尽管每次的比赛成绩都不尽如人意，但我每次都拼尽全力跑到了终点。

看着眼前瘦弱的男孩的笑容，我告诉自己也要珍藏我的这份经历。因为，在我的人生旅程中，我没有因为自己的畏怯而再次错过，我在奔跑的途中看到了最美好的风景，它是我青春路上的珍贵收获——因为青春，所以不曾畏惧。

青春岁月

徐 敏

当岁月的风撼动生命的树枝，日子如秋叶一般片片飘落铺满一地时，欢心、抑郁、悲哀，都被踩在脚下，凝成永恒。青春历程，在岁月的风中摇曳成一串风铃。蓦然回首，几多美好，几多苦涩，都已成记忆的风景。

漫步校园，那份惬意，那份洒脱，令人心醉；因时光流逝而痛苦时，为取得成绩而欢呼时，如同深秋时的落叶，在脚下积累了厚厚一层。拾起一片，或许是曾经的辉煌；拾起一片，或许是曾经的痛苦，但哪一片能说明现在的拥有？

是的，成功令人兴奋，也令人难忘。迷恋昨日的成绩，犹如把成功的勋章挂在胸前，那不是洒脱，那不是荣耀，更不是骄傲，那是无形的绳索。

徘徊在教室的走廊上，望着一张张陌生而有微笑的面孔，心里泛起一阵阵愉悦：哦，校园的花又开了，一朵朵争芳斗艳，看着令人陶醉。来到枫树下，翻开一本书，拾起一片枫叶夹在书中，方发现自己虚度了一个春秋。

于是我去寻梦，推开一扇虚掩的门，窗下的忧伤一泻千里。没有收获的执着，也是一道美丽的风景线，在青春心灵上默默祝福，为自己，但不全为自己。

曾经是美好的，然而决不可背负太多太重，否则举步维艰，切莫让曾经挡住远眺的双眼。该装的装入行囊，该弃的弃在路旁，轻松洒脱，再上征途。

请珍惜我们的友情吧

王钰惠

　　常听人说：人最纯洁的友情只存在于孩童时代。一个"只"字叙述出多少的悲凉，但居然有那么多的人赞成。那孩童时代过后，我们懵懵懂懂地结识的那么多的朋友，该怎样定位呢？

　　大人们说：友情来自共同的事业，共同患难，一起拼搏的事业成功后，彼此就成了"患难之交"。那若是失败呢？友情该回归何处？彼此难道会漠然相对，又变成陌生人？情感怎能依附事业来评定！大人们还说："在家靠父母，出门靠朋友。"对，一句话表明了朋友的重要性，也暗示了友情的价值所在。在遇挫折时，朋友毅然相助，这是最真的友情，那曾经帮助过你的人是否都算得上是朋友？

　　不知道为什么，我们现在的思维总是强调实用和交换，给友情套上利益和价值性外套，友情就变质了。所求的是目的，友情成了外在的装饰。很喜欢英国诗人赫巴德的一句话："一个不是我们有所求的朋友，才是真正的朋友。"真正的友情是不受地位、金钱和权势的影响的。没有利益参与，没有索求，只是灵魂上的共鸣。茫茫人海中，短短几十年的生命，找到一个精神与自己如此契合的个体，是一件多么幸运和幸福的事！这样的友情不会不会破裂，不会变质，只会在蓦然想起时，淡然一笑，感觉真好。

　　在经历凡世喧嚣后，你总会想着寻找一个平静的空间容你独享，就像音乐家始终寻找自己的音乐风格，画家总寻找一个自己可以让自己画下的风景。这样的感受，《俞伯牙和锺子期》早在过去已演绎了。你会一直寻找自己所需求的，你终会碰到这样一处高山流水，用不知名的魔力将你留下，让你和高山流水对语。这样的自然，这样的纯净，怎能用灯红酒绿来形容，怎能以两人举杯灌酒大声喊着："咱俩是老交情！"来衡量呢？前者赢得太无悬念，也重要和珍贵于后者千倍。

　　有时候想想，这样的单纯终会失去，或许在一瞬间得到精神上的共鸣，但上天不容你用世俗的情感来玷污。也就在回眸的那一刻，友情悄然溜走，让你来不及伸手去抓。

　　人世间多少人离离合合，我们的空间也存在了比很久很久还要久。幸福的是，我们遇见了，没有预约，突然出现的邂逅，对着我们的世界说一声：看见你，真好。简单而纯粹。

我们的世界越来越没有边缘，随着时间的流逝，我们之间的陌生会持续很久；随着生活的继续，我们会在琐事纠缠中忘了曾经出现过的友情。

来一次世间，容易吗？

有一次相遇，巧合吗？

叫一声朋友，简单吗？

叙一段友情，太难——请珍惜我们的友情吧。

路上有你真好

庄云芳

在成长的路上，困难、挫折、失败无一不伴随着你，放弃，哭泣，迷茫，徘徊……多种念头在你头脑里油然而生。

在成长路上，我们往往陷入泥泞的沼泽中，无法自拔。但有时候也并非如此，也可能遇到一双温暖的手牵起你，带你远离那黑暗的深渊，重新踏上光明的成长之路，那便是朋友，家人，老师。朋友给予我们帮助，家人给我们带来温暖，老师传授我们知识……他们是我们成长路上的伴侣，朝夕相处，润泽心灵。

我在成长的路上奋斗着，拼搏着，遇到困难时，我也曾害怕过，也曾徘徊过，也曾放弃过。就是她，给了我勇气，给了我力量。她，便是我的同桌。

我的同桌活泼开朗，乐观向上。还记得刚刚相处时，我就坐在座位上，不敢与她说话，还是她主动与我交谈呢。后来，我俩相处得很好，从不吵架，在学习上互帮互助。

她是个心思细腻的女生，曾做过很多令我感动的事，我的印象最深的是那一节体育课。

那是一个炎热的下午，我们的体育课是最后一节课，那天老师要测仰卧起坐我被安排在了第三批，前两批做完后，就轮到我了。我躺在软垫上，心想一定不能让同桌失望，于是就拼命做。一分钟计时结束后，我做了39个，是全班的最高分，我很开心。于是立刻站起来去找她，没想到差点因为头晕而摔倒了，不过幸好没什么大事。她看到我，先牵着我的手，扶住我，我还以为她会夸我，没想到是一顿怒骂："你那么拼命干吗？及格不就好了吗？你知道你那个样子有多吓人吗？"我看她说这话时，都快哭了，我只能尴尬地笑了笑。

我想，这是我遇见的最好的同桌，我永远会把她记在心里。

我想对她说："路上有你真好！"

朋 友

陶彩凤

我们从父母的双翼下还没有走出来，学生时代便开始寻找到朋友之间情感的纽带——友谊。

我有两个"生死之交"——陶小巧和陶瑛瑛。我们从小就在一起长大，说起来我们还真是有缘，妈咪们都是云南的，而小巧比我大一岁，我比瑛瑛大一岁，我相信我们的友谊"万古长存"。

小巧是一个美丽聪颖的女孩，她懂我的心思，无论我怎样掩藏自己，她都能够找到。还记得那一次，我去她家玩，就在我们准备一起去怡龙生态园时，巧的同学来了，他们约巧去别处玩，我很失望、沮丧。巧好像看出了我的心思，连忙上前"解围"，不知怎的，一种期待的心理涌上我的心头。"你也过来吧，和我们一起去玩。""嗯。"我赶紧过去挽住了她的手。

性格外向的瑛瑛也是一个善良的人,她心直口快。那时我爸爸妈妈经常吵架,原因也常常是爸爸先惹起的,我每天都生活在爸爸妈妈吵架的生活阴影中,看见妈妈整天以泪洗面,我很伤心。瑛瑛知道后,大骂我道:"哭什么哭,没出息,别哭了。都是你爸害的,你爸真是的,怎么能做出这样的事情来。你就应该帮着你妈骂你爸,实在不行,我帮你们一起骂。"我哭的声音更大了,我趴在瑛瑛的肩膀上眼泪簌簌地往下流,瑛瑛帮我又是擦眼泪又是安慰我,很快,我的心情平和多了。

　　瑛瑛和小巧是我的同学,更是我一生的好朋友。

可爱的同桌

王明凤

说起我的同桌那可真是多，从幼儿园到小学五年级，我和许多人同桌过，有男有女，可印象最深的只有两位。

不浮不躁好同学

"这道题目你懂了吗？"我的同桌庄云芳问道。其实她向我说得已经很详细了，但我却摇了摇头。她见我摇了摇头，便将她之前所说的步骤更加详细地解释了一遍，在她一次次的讲解后，我终于明白了题目应该怎么做。

啊，细心的庄云芳，她虽然不是我的第一任同桌，但她却是我所有同桌中最细心的一个。

风风火火"穆桂英"

我四年级的同桌是一位"穆桂英",班里的男生大部分都怕她,因为她特别厉害。

有一次我被班里男生欺负了,班里许多人都想出来制止,但又不敢。只有她出来帮助我,她对那个男生说:"一个男生欺负一个女孩子算什么,我可真怀疑你是不是男生或者你真的是女生。"听到这句话,我们班那个男生急了,"你才是女孩子,我可是堂堂正正的男生。"我的同桌装出一副恍然大悟的样子,之后她便说:"哦,原来你是真的男生,那你为什么要欺负女孩子。"

"好,我不欺负她,那我们单挑怎么样?"那个男生一副轻视的表情看着我同桌,好像在说:"你输定了。"而我的同桌却一点也没有惧色。

"单挑"开始了,然而这次比赛却在我们的意料之外,我还以为他们真要"动武",因此替她捏了一把汗。结果他们这次所说的"单挑"是指比谁反应快:"石头,剪刀,布!"一连好几局,我的同桌都赢了。从此以后,班里的男生再也不敢欺负我了。

我的这位同桌是谁,你猜对了吗?哈哈,她就是杨培。

细心的庄云芳,男生似的杨培……啊我的同桌和我相处的事太多太多了,这只是其中之二而已。

春天在哪里

方 玲

春天，万物复苏，大地充满生机。人们热爱她，赞美她，盼望她。

"滴答滴答！"刚出门我就被水滴声吸引住了，我好奇地想：哪儿来的水啊。抬头一望，原来是屋檐上的冰雪开始融化了。融化的雪水慢慢流下，落在屋檐下。来到村前，家家户户屋顶上融化的雪水已经汇聚成涓涓溪流，"叮咚——叮咚——"流向远方，有时还吐着白泡，一直向前欢快地流去。

太阳照射到地面，地上的白雪也开始融化，我幻想着春姑娘已经朝我们走来：她带来了鸟语花香，带来了一片欢乐，也带来了勃勃生机。

几天后，雪地上已经露出了黑色的土地，隐隐约约能闻到一丝泥土的气息。

二月里，迎面吹来了的风有了暖意，她像母亲的手轻轻地、温柔地抚摸着我的脸，有点痒痒的，却很舒服。春风吹走了冬日的寒冷和干枯，柳树枝微微露出了绿茸茸小嫩芽，米粒般大小。微风一过，垂柳婆娑起舞，像是在和春天打招呼，免得让春天以为它熟睡在梦乡之中其实它正在努力展示它顽强的生命力呢。

阳春三月，树木都换上了青翠的新衣，花儿如害羞的姑娘，笑红了脸，羞羞答答地开了。

瞧！一群群孩子无忧无虑地在草地上嬉戏：他们有的在打打闹闹；有的你拉我，我拉你，牵着羊羊（牵羊羊是我们这里小孩子玩的一种游戏）；有的在放风筝。有些女孩子围着五彩缤纷的围巾，奔跑起来，像蝴蝶翩翩起舞，孩子们银铃般的笑声在空中久久回荡。

春天，我已经找到她了。她在马路旁、她在小河边、她在高山上，她就在我们每一个人的生活里。

何畏曲折

孙琪珍

　　一片飘零的枫叶，一只远行的孤鸟都会令我沉思，产生无限感慨。

　　潮湿的墙角，那只蜘蛛一如初始地辛勤编织着它的猎食网，那是它生命之所寄托。"啪"，不知是哪个顽皮的孩子扔过来一颗小石子，不偏不倚直直地落在蜘蛛辛劳了一个下午的结晶上，蜘蛛网破了个大窟窿。我有些为它感到遗憾，或许还杂着些怜悯。究竟是为什么？我也不知道。反观那只蜘蛛，却没有气恼，没有焦躁，有的只是平静罢了。它不紧不慢地爬向另一边墙角，继续为它渺小的生命而努力奋斗。

　　我想：它也曾愤懑过吧，只是照这样看来，它这一生中曲折太多太多，倘若每一次都恼怒，怕它早已没有勇气活于这世上了吧。何畏曲折，蜘蛛尚且能平静面对，何况我们这些大自然的精灵？

  曲折是每个人的人生中都会遇到的，只是每个人面对它的态度、方式不同罢了。但无一例外，在与曲折抗争中胜利的人们，皆在曲折中得到了成长：或许磨砺了自己的意志；或许变得更加成熟沉稳；或许拥有了一些以前所没有的重要的东西……

  比如海伦·凯勒，自幼因病成为一位盲聋哑人。但她自强不息，克服了常人难以想象的困难，甚至还读完大学，还掌握了多门语言，并成为一名文学家、教育家、社会活动家，以己为例，鼓舞了万千身陷挫折中的人们。还有霍金，在只有一根手指可以活动的情况下，写下著作《时间简史》。还有坚强的贝多芬，在听力已然消失的情况下，创作出不朽的世界名曲，在世界人的心中留下了永不磨灭的天籁之音。

  这些伟人们尽管事业不同，贡献不同，所处的时代和国家也不同，但相同的是，他们皆是生活中的强者。

  "山重水复疑无路，柳暗花明又一村。"对于曲折，我们不要畏惧，要拿出所有的勇气战胜它。彼时，你会发现，在蜿蜒曲折的小路后是一条宽阔明亮的康庄大道。

曲　折

翟　伟

"曲折"光临过每一个人,但人人对它的态度都不一样。有的人想将它拒之门外,而去竭力寻找可以通往成功的简捷之路;有的人见识到它的厉害,便缴械投降;有的人则乐观地接受它的挑战……

想找捷径的人,此乃惰者。德国小说家孚希特万格说:"最曲折的路有时最简捷。"其实,真实的捷径就是人生的曲折之路。反之,有些人找到所谓的捷径,走到尽头,才发现前方是万丈悬崖,多走一步,后果将可能是粉身碎骨;回头,虽然是岸,但已经为时已晚。像这种例子数不胜数。中国美学家、教育家朱光潜曾说过:"正路并不一定就是一条平平坦坦的直路,难免有些曲折和崎岖险阻。"

缴械投降的人,此乃懦者。随便一道小曲折就使他崩溃,只会碌碌无为地过完一生。毛泽东爷爷曾说过:"任何新生事物的成长都是经过艰险曲折的。"艰险曲折都不敢经历,还谈什么成长。

敢于接受的人,此乃勇者。正所谓:狭路相逢勇者胜。勇者才会受到胜利之神的眷顾。其实人生之路就像《植物大战僵尸》,每一道曲折就好似一道关卡。尽管有些比较难,但它肯定有破绽,不然游戏开发商生产出这款游戏会有玩家吗?这也说明了面对人生道路上的曲折,要充分发挥自己的勇气与智慧,肯定会找到解决方法的。

纵观历史,古今中外,没有一位名人不是走过无数的曲折之路,才获得成功的。

我国南朝时期的祖冲之,小时家境贫寒,只能靠用小竹子叶片进行计算,最后算出圆周率小数点后第七位,而且他的贡献还远不止这些。

天才发明家爱迪生,在发明灯泡时,曾采用过六千多种纤维材料,最后才找到耐用的钨丝。从此,人类走向光的时代……

毛泽东爷爷还说过:"要想不经历艰难曲折,不付出极大努力,总是一帆风顺,容易得到成功,这种想法,只是幻想。"在现实生活之中,人们不可能很容易就获得成功,曲折的人生之路是必不可少的。不要抱有侥幸心理,也不要抱有幻想,这些太不切实际了。相信自己,敢于面对,努力拼搏,你一定会成功的!

挫　折

杨明月

人的一生,不可能是一帆风顺的,总会遇到挫折和困难。我们只有经历挫折,才能走向成功。

记得小学五年级时的一次数学考试,因为我平时数学成绩不错,前一天,只把书上的知识点复习了一遍,满以为稳操胜券。第二天早早来到学校准备迎考,老师把试卷发下来我就埋头苦做,不到一个小时我就交卷了。可是结果事与愿违,看到试卷上的成绩惊呆了,居然不及格。我傻眼了,怎么考这么一点分数,我百思不得其解。是马虎、粗心、骄傲?随后数学老师把我叫到办公室,她让我好好反省,找一找自己失败的原因,从试题的得失去分析。

回家后我满脸沮丧,晚饭也没有吃一点点,懊恼、悔恨、自责,内心就像打翻了五味瓶,酸甜苦辣交织在一起，真不是滋味。

　　我睡在床上辗转反侧，我想：面对困难和挫折，有三种人。第一种人是胆怯、懦弱的人，遇到困难和挫折就放弃；第二种人是意志不坚定容易满足的人，遇到困难和挫折无所谓；第三种是有坚定的信念、意志坚强的人，敢于面对挫折和困难，哪里跌倒就在哪里爬起来。我要做第三种人，向困难发出挑战，决不向困难低头。

　　挫折是一把双刃剑，一方面使我们产生忧愁、不安等消极心理，另一方面有利于我们磨炼意志、增长才干。挫折不可怕，可怕的是我们不去挑战、不去战胜挫折。我坚信：风雨过后一定能见到彩虹。

精彩一课

章 岚

又到美术课了,我十分不情愿地走向美术教室。

按理说每天都沉浸在枯燥的学习中,好不容易能轻松一下,为什么会不乐意呢?

以前每次的美术课,老师都被气得不轻,教室里总是闹哄哄的,比菜市场还热闹,直到老师发怒后,教室里才安静下来。

今天又是"悲剧重演":铃声一响,老师走进教室,看见教室里"鸡飞狗跳""百鸟争鸣"的景象,脸不由得沉了下来。

老师又开始长篇大论,教室里依旧喧杂。终于,老师发火了。我们立即乖乖地闭上了嘴,低下了头,都成了犯了错的孩子。见我们认错态度诚恳,老师也没有不依不饶。过了几分钟,终于进入了正题。"今天我们去写生。"老师说。

写生？我正疑惑间，只见大家一拥而上，争抢画板，我见状也不甘落后，立刻加入了"抢板大军"。

拿到画板，我不由得心花怒放：这可是我们难得的写生课啊！

我随着人群走出教室，有的到操场上、有的到花圃边、有的到教学楼前、有的到紫竹林旁，我们分小组，每组安排一名小组长带队。不知怎的，今天学生一反常态，秩序如此井然，也许是被这种教学模式吸引了，也许是被外面的景色吸引了。我分在第三组，跟队伍来到教学楼前，环顾四周，和煦的阳光照在身上。我选择一处石阶坐下，一边欣赏着周围的景色，一边细致地观察，人模人样，不失"画家"的风度。忽而抬头看景，忽而低头画画。远处的树、近处的水、上面的天、下面的草尽收眼底，流于笔端。我偶一转眼，见桂花树旁有些人，手里拿着画板，真有几分写生画家的样子。平时爱干净的女生，也毫不在意地坐在石阶上。

时间过了大半节课了，不少同学已经完成了他的大作，我连忙加快速度。啊！画歪了，那笔直的树干硬是被我画歪了。看来画画之事，还真急不得。

"丁零零"，下课的铃声让我手中的画笔停下了，我余兴未尽地匆匆离开了，这一次，没有喧闹，大家都沉浸在自然之中，专心致志，我突然想起一句话："自然是最好的老师。"没想到，今天的美术课如此精彩。

成长的节奏

成长的节奏

高 美

以前我曾读到过一个故事：美国总统华盛顿在小时候，父亲给了他一把小斧头，他很好奇这把小斧头是否锋利，就那院子里的树上做起了实验，结果把他父亲心爱的樱桃树砍倒了。他意识到自己闯了祸，却并没有逃避责任，而是勇敢地向父亲承认了错误，之后父亲也宽容地原谅了他。也许因为父亲的宽宏大量，也许是因为华盛顿犯了错误以后承认错误的勇敢！我对这个故事留下了深刻印象。

我五年级的最后一堂是综合课，也是我们"老班"的课。在她上课时，我们一律不准做小动作，也不准随意说话，如果谁违反了这两点被她发现，这位同学就完蛋了，因此"老班"的课我们都会安安静静地听讲。

这天，我们一如既往地听着课，讲台上"老班"正忘我地讲着课，我也认真地在记着笔记。突然一小坨白色的黏稠物从天而降，不偏不倚地掉在我的笔记本上，我抬头一看，是一只麻雀干的好事。虽然恼火，却又不便发作，毕竟是"老班"的课啊。只好自认倒霉，把那粘有麻雀秽物的一页笔记悄悄撕下，捏成一个纸团，随手向后面的垃圾筐里扔去。偏偏在我投出的那一刻，同桌鬼使神差般地抬了一下左臂，碰了一下我的右手，纸团瞬间改变了方向，竟然飞向了讲台。我已吓得目瞪口呆，赶紧低下头，装作一副认真看书的样子。

"老班"真够厉害，即使在十分投入地讲课时，也能眼观六路耳听八方，一个纸团突然飞到讲台上，哪能逃过她的法眼。

"谁扔的纸团，站出来把它捡走！"声音不大，却极具威慑力。本来就很安静的教室变得出奇地安静，此时要是有一根绣花针掉在地上都可以听见。

"谁扔的纸团，站出来把它捡走！"声音猛然提高了八度。

终于有一位同学站起来，走上讲台捡起那纸团，然后轻轻扔进垃圾框里，"天啊！你不要命了！"我的同桌竟然要替我受过，"难道你吃了熊心豹子胆？"我一脸愕然，同学们也莫名其妙望着他走回座位。

我的同桌吴成志是班里有名的老好人，可再老好，也不能去"惹""老班"啊！

"你为什上课时要扔纸团？""老班"严厉质问，此时，同学们的目光都集中到吴承志一个人的身上，那些表情真各个不同：有惊讶，有同情，有气愤，也有幸灾乐祸。

"老师，不是……不是……不是我扔的，我是怕你发火影响上课！"老好人结结巴巴地辩解着。

也许是"老班"不太确定老好人是不是肇事者，也许是"老班"被老好人的话提醒了。她整理一下自己的情绪，继续讲课。

我对这节课后面的内容几乎什么也没听进去，内心无比纠结，承认吗？后果一定很严重；不承认，老好人就要替我背黑锅，那我也太对不起他……

下课后，我独自一人在操场上徘徊，望着结满青色果子的樱桃树，忽然想起了华盛顿。我虽然不可能像华盛顿那样伟大，但能做到像他那样敢于担当，于是我勇敢地向"老班"的办公室走去。

当我诚恳地说明一切后，"老班"的脸上不仅没有一丝怒色，反而面带微笑地对我说："你是一个勇于承认错误的好孩子！将来前途不可限量！"

敢于担当让我收获了友谊：我和老好人的关系更加密切了；敢于担当也让我收获了宝贵的人生经历：我觉得自己长大了！

五味的年轮

吴 婧

成长就如同品一杯好茶,入口时苦涩,可当苦涩的滋味渐渐退去后,你就会感到丝丝甘甜。我不知道是从什么时候开始学会了担当,也许就是那一次。

上学期五月的一天下午,天下着蒙蒙细雨,大课间的教室里热闹非凡。当时我正在座位上看一本资料,忽然听到背后有几个女同学正切切察察地议论着什么,仔细一听,原来他们正在议论我和502班的某某某谈恋爱。我最受不了这种无聊的议论,仿佛受到了奇耻大辱,猛然站起身,大声质问:"你们刚才说我什么!"本以为我的大声质问会吓退她们,想不到其中一个竟然把刚才对我的诽谤又从说了一遍,我顿时怒发冲冠,恨不得立即扁她一顿才解恨。但我知道不能这么做,所以极力地克制了自己的情绪,准备拉她到班主任那里去评评理。就在这时,两个男生又来捣乱，一边嘻嘻哈哈，一边说些阴阳怪气的话，其中的万里不仅把那个女生刚才说的话又"复习"了一遍，还轻佻地说："什么时候请我们吃喜糖啊！哈哈哈……"我的肺真的快要气炸了，我拿起桌上的水杯，冲到教室后的饮水机旁，放了满满一杯热水，冲着万里嚷道："再胡说！再胡说我就烫死你！"我声音很高，万里以为我只是在吓唬他，他竟然又把刚才的话"复习"一遍，而且还提高了嗓门，仿佛别人听不见似的。我真的怒不可遏，再也控制不住自己，把满满的一杯水，全部泼到万里的背上，万里嗷的一声尖叫起来，本能地弓起背，像一只受了伤的野兽，边跑边跳边叫："烫死我了！烫死我了！"教室里一下子就像炸开了锅，有叫的，有笑的，有闹的，不一而足。一开始我看到他痛苦万分的样子，以为他又在装（他平时最爱表演，总是喜欢装出一副搞怪的表情引得全班同学哄堂大笑），就不以为然地回到了自己的座位，可能万里是因为疼得实在受不了，也不再叫了，而是失声痛哭起来，此时我才意识到自己闯了大祸。有人立即报告了班主任，"老班"来到教室一看万里的情形很不对劲，就立即送他去了医院去了。此时我的脑海里一片空白坐在位置上，一动也动望着窗外，我真的不知所措了。

放学后，班主任把我叫到办公室里，他对我说："对这一件事情你要负主要责任！"当时我一听就懵了，又觉得十分委屈，这件事原本是他们的错呀！我真有口难辩。

班主任又说:"你身为班干部遇到这类问题应该谨慎处理,化解矛盾,或者向我汇报,不应该这么鲁莽行事,也没有考虑到事情的严重后果。应该承担怎样的责任,你回去后要深刻反思!一个人做错了事并不要紧,要紧的是在犯了错误以后要敢于面对,勇于承认,只有这样你才能得到深刻教训!在以后的人生道路上少犯错误!"

回家后,我没敢把这件事情告诉爸爸妈妈,心里挺乱的,做完作业后就睡了。半夜里醒来,我难以入眠,仔细想想这件事经过,虽然他们有错在先,但是我也的确鲁莽,而且还造成了严重的后果。如果我拒不认错,不但和同学们的关系会恶化,我作为班长的权威也将消失得无影无踪,还有谁会信任一个不肯承认错误的班长呢?

第二天早晨,我鼓起勇气把事情的前前后后告诉了爸爸妈妈,他们并没有过分责备我,还和我一起来到学校,动要求承担万里的医疗费用。我也在班上当着所有同学的面向万里道歉,并得到了他和同学的原谅。

这件事情令我痛心,也让我明白了一个道理:就是做人要勇于承担当,才能得到别人的敬重信赖,不是说"英雄因为担当而伟大,君子因为担当而崇高"吗!

我感觉自己长大了,因为我学会了担当。

我成长，我担当

徐梦婷

成长中我学会了有担当，有担当后我更成长了。

我是一名女生，可小时候非常调皮，总爱搞些小破坏，之后就溜之大吉，从来不敢承认自己所犯的错误。直到那件事发生之后，我彻底改变了自己。

我十岁那年的秋天，爸爸找来几个亲友，忙活了一天，把我家房屋前的一块地做成了水泥的晒谷场。第二天爸爸就去县城打工去了，临走时叫我在家看门。

我看到原本凹凸不平的泥土地变成了平整的水泥地就乐坏了，这可是我们"踢房子"（一种游戏）的好地方啊。于是呼朋引伴，找来五六个小伙伴，先用树枝在刚刚修好的水泥地上画"房子"（一个大的矩形方格中画上对角线，再加上两个小的矩形），再找来几块小瓷砖，就在上面踢起来。因为以前我们从来找不到这么平整的场地，今天我家门前有了,那就感到特别自豪,伙伴们玩得也格外开心,一个小时下来,个个满头大汗,我们只顾快乐地玩耍,却不知脚下的水泥地已经悄悄发生了变化:原本清晰的格子渐渐模糊了,原来光滑的地面上留下了无数个小小的脚印,我想檫都擦不掉,知道此时我才发现自己闯祸了。

傍晚,爸爸从县城打工回来一看到我们的"杰作",顿时火冒三丈,大声喊道:"梦婷!梦婷!谁把我家的水泥地踩成这样了!我要是逮到他就扒了他的皮!"当时我都吓傻了,因为从未听到过爸爸如此高声呵斥。躲在自己的小房间里也不敢出来,只是辩解:"我在房间里做作业,没看见!"爸爸一时找不到"元凶",只好唉声叹气,也没有啥办法,暂时作罢。

吃完饭时,我都不敢抬头看爸爸,胡乱扒了几口饭就躲到自己的房间里做作业去了。夜里,我躺在床上,呆呆地望着天花板,焦虑万分,怎么也睡不着:坦白了,可能会挨一顿打,上次犯错爸爸打我的情景历历在目,令我刻骨铭心;不承认,爸爸又会很生气,也可能怀疑以前有过"矛盾"的邻居,要再发生"战争"就更麻烦了……

第二天早晨,我胆怯地走进爸爸的房间,轻轻推醒了他。爸爸睡意未消,疑惑地望着我:"有什么事吗?"我结结巴巴地说:"昨天……昨天……""到底什么事?快说!"爸爸坐了起来,"昨天的水泥地,是……是……

我们几个'踢房子'弄的！对不起！"我紧张极了，也已经做好了挨打的准备，没想到爸爸突然大笑起来："哈哈哈！我还当什么大事，看把我女儿吓的，哈哈哈……"爸爸一手把我搂进怀里，一手抚摸着我的头喃喃自语："我的女儿长大了！我的女儿长大了！"

　　一场危机终于过去，我如释重负，后来我问爸爸："你为什么不责怪我？"爸爸说："我高兴还来不及呢！为何要责备你？""高兴？我犯了错你还高兴？"我很茫然，"是啊，当然高兴，爸爸高兴当然不是因为你犯了错，爸爸高兴的是你犯了错后勇于承当责任。一个人学会了担当就说明她在成长，我女儿这么小就敢于担当，将来一定是一个有出息的人，一个有大出息的人！"

　　从此以后，我感觉自己成了一个坚强的小大人，一个在担当中不断成长的"小强人"。

成长的路上你来过

程子轩

　　时间的沙漏从未停息，命运却无情地带走了成长路上曾相伴的你。岁月在悄悄地流失，那段记忆也渐渐走远。

　　　　　　　　　　　——题记

　　我们相伴的日子是我短短的童年，是一次次的鼓励与简单的家常，有你饱经岁月沧桑的卓识与我的无知单纯。保安叔叔，到了此刻，我才懂得你的期待与鞭策对我有多重要的意义。

　　你是在我小学五年级时才来的学校，那时候，我是需要等校车的，我们一大帮孩子总开心地聚集在保安室门口。听你拉二胡，你也是初学，但能自学成你那样，能声情并茂地自编自拉自唱我还是第一次见。我们都很好奇，你是怎么学的呢?你停下来告诉我们说:"学好一样东西,兴趣是非常重要的。我开始也是对二胡感兴趣,后来自己摸索请教,竟也能拉上一曲,也是一种机遇啊!"二胡上就两根弦,却能拉出那么多美妙的乐曲,光靠兴趣肯定不够的,我想,他背后一定下了很多功夫。果然,你又说:"兴趣虽然重要,但是不扎实苦练还是不行的,大多时候要有自己的想法,敢于创新,方法是死的,人是活的。就像你们上学一样,兴趣、勤奋、创新、务实一样都不能少,知识多了充实了自己,自然就能有所进步。"这是我第一次听你说如此有道理的话,也是第一次觉得你懂得很多。

后来,我们几个伙伴们常去"骚扰"你,向你请教。

记得有一次,学校里要举办演讲比赛,望着别人在踊跃参加,我的心里也有一种加入的冲动。看到我犹豫不决,你告诉我:"童年有多长?机会在一生中又有多少?有想法有实力就该用尽全力去展现,只要敢站在演讲台上,在观众前,就是赢家!"我觉得有道理,便参加了,还进了决赛,从此我发现展现自己的美好和自己的进步是一件多么重要的事情。

有一段时间,你总是请假,我在放暑假前也未能向你告别,我理所应当地认为有机会返校时可以去看望你。可是你却在暑假永远离开了,只留给我的是一本作文书,首页上还附着几个大字:"长风破浪会有时,直挂云帆济沧海。"

记忆里,你的笑声和句句勉励的话语还时常在耳边回荡,任凭风儿怎么吹,荡进我心里的情意始终都不会消散。

染

董 艳

我一直认为，人自来到这个世上便是跳进了一个无形的大染缸里，我们怀揣着梦想，行走在这个看不见摸不着的大染缸内，谁也无法知晓自己在追逐梦想的路上会染上些什么……

刚上小学时，老师说："你们长大后想当什么呀？"儿童的心理总是单纯而美好的，我当时回答的是什么呢？哦！对了，想当一名科学家。什么是科学家？那时我并不知晓，只是觉得很厉害的样子。似乎这个年龄段的孩子的回答都是非常一致且可爱的，瞧！老师又在问别的孩子了，他们乐此不疲地回答，围在老师的周围，像一群欢快的小鸟一般叽叽喳喳，稚嫩的脸蛋上是令人动容的微笑。

长大一些后，我隐隐约约明白了一些"梦想"的意思，于是老师便让我们写出来，自写作文至今，关于"梦想"的写作也是常有出现呢！这时候的我常常大笔一挥写下了我的梦想——作家，作文全是自己为何想当作家及如何成为作家的"长篇大论"，自信满满地想要开始我的作家之梦……并为之付诸行动。

曾听到有人开玩笑说："梦想，梦想，只是梦里想想而已！"这句话并没有让我觉得好笑，而是让我感觉到了说这句话的人的无奈，梦想，的确不是那么容易便能实现的。步入青春期的我也学会了忧愁，常常毫无形象地趴在桌子上想：究竟要怎样做才好呢？我坚持不懈地追寻着那个梦想，可我如今却有些累了。生活并未停止，于是越来越多的问题如狂风暴雨，统统向你冲来了：大人们总是热衷于探究你隐藏的秘密；老师总是爱三令五申的向你重复一些重要守则；朋友同学间的关系也渐行渐远，学习成绩无法稳定……矛盾与挫折总伴随着我们的成长出现，恰恰却是小挫折和坏情绪，就让我们在这个"大染缸"里迷失了自己，忘记了坚持的初衷。为何会这样，毅力不够顽强？目标不够远大？我想仅仅只是，我们从一开始便对我们身处的这个"大染缸"认识不够深刻。这就好比你拥有高超的武艺，可贵的勇气，手持利剑踏上消灭敌人的征途，你坚信你能打败敌人，却没有想到敌人离你那么遥远，你长途跋涉，历经艰险，直到筋疲力尽的某天你才发现，原来真正需要你打败的不是远方的敌人，而是不断消磨你体力的路途。

正因如此，我们更要有一颗坚韧的心，把生活的纷扰与烦琐也当成理想的一部分。生活并不如诗，梦想却仍在远方，只有这样，我们才是真正的胜利者。不管被染成什么样子，我们火热的心却永远为逐梦而跳动。

我 的 偶 像

李 婷

　　对于像我这样一个性格多变、天真快乐的六年级女生来说，追星是一件比较正常的事。我不喜欢整天只知道读书却不懂时尚的"书呆子"，也不喜欢只追时尚而不学习的"热血少年"。如果真有人问我："你的偶像是谁？"我会大声地宣布："是我老妈也！"没错，在我眼中，老妈就是我的偶像。我要是有什么生活中的难题找她，她总是认真地听，像个真正的朋友那样给我出主意。

　　五年级第一学期开学不久，我就与好友昕昕发生矛盾。回家后，老妈看我脸色不好，便小心翼翼地问："怎么了？"我憋了一整天的委屈终于释放出来，"哇……"居然哭了。我这一哭，把老妈吓了一跳，她一边说一些安慰我的话，一边帮我擦眼泪。等我断断续续地将事情叙述完整，老妈这才松了一口气，对我说："好朋友之间免不了会发生矛盾，这点小摩擦算不了什么，不就是她考试比你多1分，然后故意贬低你吗？做人，尤其是与好朋友交往，一定要大度，宽容，别人才愿意和你做朋友。如果因为这样的小事就总皱眉头，还不变成小老太太呀？"我"扑哧"一声笑了。

　　还有一次，我的数学检测考砸了，不过英语考得不错，是九十七分。我的心里很矛盾，不知是悲是喜，更发愁的，是回家如何向老妈交代。那时是秋天，我的心情仿佛就像这条回家的路：失落的叶子从树上翻转着掉到地上，秋风将地上的叶子吹到空中，又飘然落下。到家后，我那可爱又和蔼的老妈先是表扬了我，说我英语考得不错。接着又和我一起分析数学为什么只考了六十八分，找到问题的根源，今后要怎样努力。老妈并没有生气，也没有失望，对我仍然充满信心，我的心情终于平静了下来。

　　我将这位朋友似的老妈定为偶像，就是因为她童心未泯，她可爱，她懂得理解人，她不是只看成绩的家长。

　　本人偶像，吾老妈也！

星星的愿望

肖叶红

快九点了,我从厚厚的书堆里抬起了头,有一丝疲惫。来到窗前,打开窗户,好美啊!映入眼帘的是满天璀璨的星斗。我喜欢在静谧的夜晚遥望星空,这时候,我能忘记所有的烦恼,仿佛能和星星悄悄地说会儿话。

我经常会想:我这么努力地学习到底是为了什么?直到那天老师告诉我:"没有理想的人生是不完整的,正因为有了理想才会有奋斗的动力!"我的理想是做一名演员,我要感谢我的这个理想,如果不是它一次又一次给我学习的动力,我应该只会一次又一次的选择放弃,我清楚地知道,普通人要想成为一名演员可以说困难重重,而我只有这一条路,现在努力学习,将来考上相关的院校,才可能离自己的理想更近一步。

现在,我就如一只小小的蝉,在地下等了十七年,就是为了那个夏天的嘹亮歌唱,我今天的努力就是那蝉在地底下的蛰伏,不管结果如何,我都心甘情愿,无怨无悔。看着这美丽的星空,我告诉那一颗最亮的星星,我会为我的理想而努力的!

繁星点点

吴凤萍

> 我喜欢看这满天的繁星，看那一颗流星划破天空……
>
> ——题记

小时候，和妹妹一起看夜空时，她总是问我："月亮和星星，你更喜欢谁？""当然更喜欢星星！"我十分肯定地回答，"为啥？""月亮总是孤零零一个挂在天上，太冷清，而星星一出现便是几颗几十颗地聚在一起，热闹。"我说。

在我才刚记事时，母亲便总会抱着我在租的那个小房间的阳台上看星星，用轻柔的声音给我讲故事，凉风习习，多么美啊！大大小小的星星仿佛永远都数不清，镶在漆黑的夜里就像是一颗颗闪闪发光的钻石。那些星星好像在朝我眨眼，不知诉说着什么。一直到后来我才明白，星星在向母亲诉说着那抹晚归的身影！

再大些，父母把我托付给了乡下的爷爷奶奶，自己进城打工维持生计。我便喜欢和妹妹一起趴在窗台上，用削的短短的铅笔在上面画着一些形状各异，歪七扭八的五角星，描绘着我们稚嫩心田里的那一个梦。那时的夜空比起以往的格外黑，那时的星星比起以往的格外亮。广袤的夜空里星星点点，繁华一片。现在每当面对着神秘的星空，我多么想化作一颗小小的星辰，和妹妹，和数也数不清的伙伴们一起，在诗意的夜空做做那甜美的梦。

后来，到上了小学高年级，我和妹妹便不再坐在家门前的台阶上看星星了，最初的梦也在生活的不断打磨下被慢慢模糊了。这时，我和妹妹认识了一个叫星星的女孩，人如其名，给人一种星星般的温暖，我时常在想：这是不是住在天上的天使一不小心掉落在凡间的一颗星星呢？

春末，风和日丽的天气，暖暖的风轻轻拨弄着我额头上的柔发，"唉！"我愁眉苦脸地盯着手上的一张成绩单。黄昏，夕阳的光斜斜地照在马路上，将三个少女的影子拉得老长。我闷闷不乐地踢着脚下的石子，为暑假不知怎么向父母交代而苦恼，身旁两个人正自顾自地开心，似乎一点也没察觉到我的闷闷不乐，看到她们的"不在乎"，我越发气愤，更加狠狠地踢着脚下可怜的石子，没了以往说个不停的兴致。

天开始黑了下来，一颗颗星星陆陆续续地出现在了天空，我们也慢慢地往回走，一路上到处是拿了把芭蕉叶往小区广场上赶的大妈。就在这时，星星停下了脚步，我和妹妹疑惑地望着她，她指着天上不远处那几颗最亮的星星说："两只眼睛能看到几十颗、几百颗甚至几万颗星星，眼睛是不是比星星还大？"与妹妹对视了一下，我们含糊地点点头。她没看我们，就像是自言自语："如果两只眼睛能看到几万颗星星，它就不必老盯着一张成绩单。我们自己就是这个世界的中心，以自己的眼睛、心灵看世界，这么宽广的世界，这么多的星星，都是对应着我们而存在的，我们拥有很多，所以考试失利也只是很渺小的事。"我一下子噎住了，就那样静静的杵在那里许久。

三个人，彼此帮助，彼此鼓励。我们心中有着一个共同的梦——要当星空下最璀璨的那几颗星星。

星空下的遐想，是对自己的思考，对未来的憧憬，也是对现在的珍惜！

走一步，再走一步

董 昊

人生中，总有一些困难与挫折，当你第一次遇到困难时，要靠他人的帮助，才可能渡过难关。

公园里，一个七八岁的小男孩趴倒在地上，不停地哭泣着。一旁，一个高大的中年人站在那里，严肃地望着那个孩子说："不要哭，男儿流血不流泪，站起来，儿子！"那个孩子止住了哭声，慢慢地用手把身子撑起来，一不留神又摔倒了。我十分疑惑：这么大的孩子跌一跤很正常，刚爬起来怎么又摔倒了？旁边也有人劝那位做父亲的："孩子站不稳，你扶一下不就行啦。""我儿子的腿和心理都有点问题，必须锻炼他！"中年男子回应道，男孩看了看父亲坚定的眼神，又继续重复刚才的动作，用手撑着，把右手抬了起来，用力撑着，撑着时拿起了左手，放在左膝上，一撑。站起来了。"加油，孩子，你能行的！"中年人严肃的神情上闪过一丝激动与喜悦，"过来，孩子，走过来啊，孩子！"那个孩子抬起右脚，向前移去，"对了，孩子，就这样，接下来迈左脚，再走下一步。"中年人开心地望向那个孩子。孩子刚抬起左脚，却毫无预兆的摔下去。中年人忍耐着，深呼吸，试图平复焦急的情绪，又紧张地望向那个孩子，说："站起来，孩子！过来啊，孩子！去走下一步啊，孩子！"孩子抬起充满泪水的脸颊，那可怜的神情变得坚定起来。他又站起来了，走了一步，再走一步，就这样，一步一步地向前走，脸颊上已分不清泪水和汗水了。终于，经过一次次摔倒以后，他扑进中年人的怀抱中，泪水像决了堤的洪水一样"冲"了出来，"爸爸！"他啜泣了一会，然后看了看后面所走的路程，鸟语花香、阳光明媚，一切都是那么美好，一种成就感油然而生。

那个孩子就是我，直到今日，我每时每刻都在提醒自己：不要想着路程有多远，也不要想路上的困难有多大，你只要一步一步向前走，一个一个地战胜困难。当你到达目的地时，便可以骄傲地去看自己所走过的路。

星空下的遐想

万宇婷

漫步在林荫小道上,夜是那么的恬静,鸟儿已经归巢,风吹得树叶哗哗作响,还有一些蝉和蝈蝈的歌声。仰望星空,夜空中那一颗颗亮晶晶的宝石熠熠生辉,无边的天际镶嵌着一弯新月,看着看着我心中怎么有股莫名的惆怅?

也是一个夏天,也是这样美的夜空下,"小丫头,跑慢点,别摔着了。"奶奶有点紧张地喊道,我牵着奶奶的手在闲逛,来到村口的大梧桐树下,坐在石头上休息。忽然我看见正在洗衣服的张奶奶,喊了一声:"张奶奶好!"张奶奶笑眯眯地看着我说道:"小丫头好!"又转过头对我的奶奶说:"哎呀,你真是好福气,有这个听话懂事的乖孙女,真让人羡慕。"张奶奶笑着打趣。"你可别被她的花言巧语给骗了,她就是个小捣蛋鬼。"

奶奶笑着回答。我不管她们的闲聊，正仰头看着星空，"奶奶，那个最亮的星星叫什么名字呀？"奶奶摸了摸我的小脑瓜，笑着说："那颗呀叫北极星。"我又继续说道："那边几个星星连在一起，真像个大勺子，可真奇怪呀。"奶奶微笑地说："那就叫北斗七星，是七颗星星连在一起的。"我似懂非懂地点点头。

突然路边的草丛里有个尖锐声音响起，我像一只受惊的小猫害怕得躲进奶奶的怀中，小声地问奶奶："这是什么声音啊。"奶奶好笑地看着我："这是蝈蝈在唱歌呢，今年的蝈蝈偷懒了，往年都要早些来的。"说完又叹了一口气，又继续说："它呀，出来只活一个夏天，秋风一吹便消失了。"我有些同情："奶奶，它好可怜啊，为什么只能活一个夏天呢？""那是他的寿命。有一天，奶奶也会消失的。"我有点害怕了，哭着说："不会，不会的，奶奶不会离开我的。"奶奶温柔地抚摸着我的小脑袋，慈爱地说道："小丫头别哭，哭鼻子会不好看的。奶奶给你唱首歌吧。"我抹了抹眼泪，静静地躺在奶奶怀中，奶奶轻轻地哼唱起了那首我每天都听的歌谣。"睡觉吧，我的小宝贝，小蜜蜂已经休息，小鸟儿也已回巢，花园里多么安静。月亮在天上微笑，一片银光多美丽，宝宝幸福地在睡觉。"奶奶轻轻地哼着，轻轻地拍着我的背脊，温暖幸福将我环绕……

今夜，我又想起了这幅动人的画面，慈祥的脸庞，充满爱的双眸,满是温情的歌声,我不禁潸然泪下。我多想再紧紧地依偎在您那温馨安适的怀抱中,再听听蝈蝈的歌声,再听您讲讲星星的故事,一起哼唱那首歌谣……

我努力读懂母亲

王怡文

以前无知的我总以为永远读不懂母亲,后来的一件事让我彻底改变了自己的想法。

我的母亲一米五出头,在我们村可以说是很矮的,可她却喜欢总和一米五九的我比身高。每当看见我比她高出的那半个头时,她便会欣喜地说:"不错,不错,真不错。"我心生疑惑:为什么还有人喜欢和比他高的人比身高呢?在知道自己很矮后,甚至还沾沾自喜?

"不行!"屋顶快要被这声狮吼掀平了,站在母亲面前的我紧紧地缩着脑袋,两只手放在口袋里也不是,贴在胯骨上也不是,抄着就更不是了,真感觉不知所措。即使低着头我也能感觉到母亲那炽热的目光。"你说你,感冒刚好,就惦记着小店里的冰棒。估计你再生一次病,小店里的冰棒们都过期了。"母亲那严厉的大嘴再次发威了。

"我就是想吃嘛,这都不行,真是太小气了。"我小声嘀咕着。"你说什么?哼,不管你说什么,不行就是不行。我还要去做饭,你就乖乖地去写作业!"母亲说完就走了。我瞪着母亲的背影,直到再也看不见时,一把抓起小板凳,来到冰箱边(母亲一般把硬币放在冰箱上),抬脚站上板凳,踮起脚尖,努力把手伸到冰箱上,小心的"探索"着。呀,一个硬而凉的触感由我的指尖直抵我的心底。我转了转头四周看看,确定没人后便轻轻抓住硬币,迅速放进口袋,转身跑出屋子,奔向小店。当我把刚买的冰棒吃抹干净后,又蹑手蹑脚回到家中。正想上楼时,背后一声——"冰棒好吃吗?"迅速朝我耳朵袭来。我浑身一震,机械地回过头,看到她手中那"亲切"的细竹棍,小心肝再次急速跳动,"完了!"屁股上又要多出了一条条鲜红的杆杆了。记得那天,我的内心都被"妈妈是个小气鬼"填满了,几乎一整天都没和妈妈说话。

可是,几天后团圆节发生的一件小事,又使我对母亲的看法完全改变了。

团圆节那天,母亲早早地就起床了。当我还在梦中吃大餐时,便被一阵龙虾的浓香扰醒。我来不及穿衣,我随着虾香一步步"逼近"厨房,一进厨房,入眼的便是母亲脸上那豆大的汗珠,鼻尖不禁一阵酸楚。

中午,正当我们在家中品尝着龙虾时,"咚!咚!咚!"一阵敲门声赫然响起。母亲急忙放下碗筷,跑去开门,竟是个衣衫褴褛的老爷爷。只见那个老爷爷伸手在胸前干扁扁的布袋里倒腾了许久，才掏出一点大米，又抬起另一只手指了指我家。居然是个哑巴。母亲立刻会意。不一会儿，母亲就从厨房慢慢地走了出来，双手捧满米，走向老爷爷。老爷爷看着自己的布袋瞬间沉甸甸后，高兴地笑了，母亲又从口袋里掏出五十块钱，硬塞进老爷爷的手里，老爷爷见此忙伸手推脱，头像破浪鼓般摇动着。母亲边用力把钱往老爷爷手里塞，边说："老人家、别客气，拿着钱去买一件新衣服吧。"最终在母亲的坚持下，老爷爷拿着钱和大米走了。

母亲对一个素昧平生的老爷爷都如此热情大方，为什么对我就那么严厉小气呢？

一天，阿姨来到我家。母亲立马拉着阿姨坐下，转身对我说："还不快去倒茶给阿姨喝。""哦。"我低声应了句，便走向厨房"执行命令"。当我磨蹭着端茶走进客厅时，耳边传来母亲的叹息："唉，阿姐啊。我也不想对文文太严厉，但自古慈母多败儿啊。我也是为了让文文快点长大啊......"听到这，眼角便涌出了泪水，我赶紧擦去，走去将热水递给母亲："妈，辛苦你了。"

之后，我明白了：母亲所做的一切都是源自对我的爱啊！这样想来，平日里妈妈对我的唠叨、责罚，不是爱，又是什么？看到我比她高时的欣喜，不是自豪，又是什么呢？

以前，我曾努力读懂母亲，总以为读不懂，现在庆幸的是我已经读懂了我亲爱的母亲。

咏　春

徐　祥

　　春天永远值得人们称颂，因为她是孕育生命的季节，充满活力的季节。

　　春天的色彩很美，太阳是红灿灿的，天空是湛蓝的，云彩是洁白的，而大地是一片绿色。难怪诗人这么喜欢赞美春天，画家爱描绘春天，因为春天是世界上一切美的融合。

　　春雨是连绵的，柔和的，不像夏天的雨那样急，那样快。春雨滋润着大地，抚摸着大地，也轻声地呼唤着大地，"润物细无声"就是最好的见证：看！草儿露出了地面，树儿长出了新芽，鸭子呱呱叫，耕牛遍地跑。春雨来了，小河水涨了，池塘水绿了，鱼儿虾儿欢了。

　　伴着春雨，春风也跟着来凑热闹了。春风是一个调皮的小孩，唤醒这个，拍打那个，整个世界都被他吵醒了：

松树睁大了眼睛，柳树伸了伸懒腰，人们各自都做事去了。

太阳出来了，照在身上真暖和。我和几个伙伴出来放风筝，蓝天白云，晴空万里，连风筝也显得格外的活泼，千姿百态的风筝潇洒自如地飘舞着。

春天是短暂的，生命也正是如此，所以我们珍惜春天，更要珍爱生命。

春　天

李莲洁

在分针和时针交错的滴答声里，时间老人不紧不慢地走着。

我们还来不及细数雪地里寒鸦有几只，家门前梨枝上的燕子就叽叽喳喳了，春天，如期而至。

我被窗外那阵"噪音"给吵醒了，几只俊俏的小燕子竟在我窗外的屋檐下筑巢了。每天天还未大亮时，常常代替了我那坏了的闹钟的职责，当我还睡意蒙眬时，它们在枝头唱着一首首我们听不懂的欢歌。于是，我在这欢快的鸟语里，静静倾听春天的脚步声。

没有夏天的酷热，没有秋天的萧索，没有冬天的寒冷，春天充满生机。

我家门前的空地上，除了那几株梨树，还栽了几棵绿油油的香樟。不过，我倒并不喜爱它，它常年茂盛，因此到了春天，我竟觉得香樟突显不了春天的特点，因而更喜欢那几棵已开出白色小花的梨树，洁白的花瓣中间还藏着嫩黄色的花蕊，绿油油的枝叶更是显得清新可人。虽无莲花的清纯意，也无牡丹的富贵，却在这春意盎然的三月里，格外生机勃勃。

屋里充满了欢声笑语，窗外叽叽喳喳的燕呢，都是令人感觉亲切的声音。温暖的春风常调皮地吹进窗户，春天不知不觉地和我们的家融为一体。

"一年之计在于春，一天之计在于晨。"古人也是深知春天的美好吧，留下这千古传诵的名句。门前盛开的梨花，盘旋的燕子，让我看到了春天在向我招手，也我看到了更加美好的明天。

春

郭文燕

寒冷的冬天刚刚过去，和煦的春风就吹遍了原野上的每一个角落，灿烂的阳光照耀在大地上，万物苏醒，又是一派生机勃勃的景象。

田野里，青的草，绿的叶，各种色彩的野花儿，都像赶集似的次第开放，争奇斗艳。

大片大片的油菜花随处可见，金灿灿的。空气中弥漫着油菜花的香味，正是这花香，引来了许多的蜜蜂。看，蜜蜂们正辛勤的采着花粉呢！一年之计在于春，爷爷奶奶们都在农田里忙碌起来，刨田的，种烟叶的，栽树的，撒稻种的……农田里，呈现出一幅人类与大自然和谐美好的画卷。

小河边，垂柳长出了嫩叶，千万条柳枝在春风中尽情地摇摆着柔软的身子，像翩翩起舞少女。风一停，便娇羞地垂在水面上，湖中还有她们的倒影，相映成趣。

　　几场春雨过后，毛竹林里，鹅黄的新笋像刚出壳的小鸡钻出了地面，也不知是一夜春风把它们唤醒，还是一阵雷声帮助它们破土而出？昨天看它们还是一个个灰头土脸的"三寸丁"，今天就成了一两尺高的风姿绰约的"少女"。十来天过去，新笋便长成了健壮的"青年"，有的已经超过了它们的"父母"，个个"英姿飒爽"。

　　雨后的春天更加迷人了，天更蓝，草木更绿，花儿更艳，空气更加清新，还有各种花的芬芳和着泥土的气息，那是一种令人心醉的味道。

　　我爱春天，因为她美丽！

　　我爱春天，因为她充满生机！

　　我爱春天，因为她的神奇！

家乡的春天

王梦琦

春天是一个万物复苏的季节，是一个温暖的季节，是一个充满希望的季节。在这个季节里大人们忙着找工作，小孩子忙着学习，老人们忙着锻炼。我家也开始了"春天的计划"。

开学的第一天，我起了个大早，整理好书包，吃完早饭，穿上干净整洁的校服，听着鸟儿们的歌声，伴随太阳公公的微笑走进了校园。

啊，好美呀！一排排大树长满了嫩叶，一串串的迎春花也绽开了笑脸。到了班级同学都在谈论着寒假的生活，而我拿着书本走到操场边，一边散步，一边朗读。一年之计在于春，一日之时在于晨呀！我要努力学习，不能辜负了这春光呢！

我的妈妈也不例外，她也起了个大早，洗了个澡，在镜子前进行打扮，穿得好似下凡仙女。吃了几块面包后，她匆匆走出了家门，去寻找一份工作去了。

我奶奶一大早就去了公园，参加锻炼去了，她说要活一百岁。

我的爷爷去菜市场买了几根树苗，在门前的"小菜园"里不停地忙碌着，他说要等这些小树长大了，用它盖一栋别墅。

春天是一年的开始，是草长莺飞的季节，是播种的季节，是栽花种树的季节。

让温暖的春风拂去我们心头的焦虑吧！让和煦的阳光照亮我们心中的梦想吧，让轻柔的春雨，唤醒我们青春的激情吧！

世上的千万家庭，像我家一样开始你们"春天的计划"吧！

乡 村 晚 景

万映萍

太阳快要落山了,阳光渐渐变成微黄的颜色,但空气还是热烘烘的,夹杂着稻谷、干草和泥土的气息,像条大毛巾,裹得我不太自在。

来到村旁的小河边,掬一捧水洗了个脸。六月的风,呼呼地从清凉的小河上掠过,两岸密密的竹子,远远的,风一路低拂着它们的枝叶,哗哗作响,宛如惊涛拍岸,一层一层。风儿吹得脸颊发凉,令人周身舒畅。我想,这风该是从鸥鸟纷飞的大海中来的吧,它吻过灿烂的山花,又要到更远的地方去吧。

痛痛快快地洗个脸,走回村里,已不见一丝残阳。只有西天满布色彩柔和的红霞,极透亮,却不发光。砍柴的、割草的、荷锄的、挑担的人,陆陆续续地出现在村边,微笑着打招呼,嘻嘻哈哈地开玩笑。村东头一头肚儿溜圆的牛，甩打着尾巴，伸长着脖子，嘴总是磨动着，闲闲散散，心满意足。最热闹的是那边有几百只鸭子跑进村来，吧嗒吧嗒乱响，嘎嘎嘎嘎乱叫，踏得尘土飞扬。后面跟着几个晒得黑不溜秋的半大孩子，挥动着长竿，神气活现地高声吆喝，威风地指挥着这千军万马，家家户户忙拉开棚门，引领自家的鸭儿进门。村里一时响成一片，人的欢笑声、鸡鸭的喧闹声、牛哞声、犬吠声，合成一支乡村黄昏交响曲。

不久，炊烟从参差错落的屋顶上袅袅升起，浓浓的饭菜香开始四处弥漫。天空变得深蓝蓝的了，家家亮起温暖的灯光，山坡上的小村子就这样安安静静地卧着。那么精巧，那么柔和。

夜，渐渐深了。苍穹中几颗疏朗的星星微微露出点寒意，一轮明月，在几朵飘游的云中若隐若现，如水般澄澈，照着村头那条小河，微风吹过，波光粼粼。月儿呀，在您清纯的光下我向您许下真挚美好的愿望：愿您能带走人世间所有的不幸，永远留下这梦一般静谧美好的风景……

赏莲记

吴梦颖

每个人待人处事的态度不同、观察事物的角度不同、对统一事物的看法也就不同。

我不知道什么是美，罗丹的一句话提醒了我，他说："世界上并不缺少美，而是缺少发现美的眼睛。"

记得去年夏天，我去外婆家玩，她家的院中有一个小池塘，"好美啊！"满池的莲花亭亭玉立，洁白的花瓣，粉红的花蕊，在碧绿的荷叶映衬下格外耀眼夺目，"清水出芙蓉"原来如此。那时我的脑中、心中全被那个漂亮的莲花给占据了，只觉得好。以前只在书上看过，也曾听别人说过，却不曾在意，然而今天这一见，着实震撼了，这时我真正地体会到周敦颐所写的《爱莲说》中的那句话"予独爱莲之出淤泥而不染，濯清涟而不妖，中通外直，不蔓不枝，香远益清，亭亭净植，可远观而不可亵玩焉"。我只是站着，呆呆地看着莲花，此时此刻，仿佛我也成了它们中的一员，一阵微风吹过，我同它们一起随风舞蹈。最终，在妈妈的呼喊中我回过神，要吃饭了呢。我恋恋不舍地看着这花中的君子，在妈妈忍无可忍的怒吼中一步一回头，很不情愿地吃饭去了。

晚饭间，我悟出了一个道理：美是身处污浊的环境中洁身自好，拥有君子般的气质，具有莲花般的崇高品质。

日子每一天都是新的

任悦妍

秋，没有春的生机勃勃，没有夏的红红火火，也没有冬的银装素裹。但秋却有自己独特的美与韵。

我欣赏过春天的百花齐放，百鸟争鸣；欣赏过夏的绿荫葱茏，蝉鸣阵阵；欣赏过冬的千里冰封，万里雪飘，可却唯独没细细欣赏过秋。今天正好是周日，乘深秋季节一定要好好欣赏欣赏。

走出门外，漫步在林荫小道上，遍地都是随风飘落的树叶，踩在上面松松软软的，很舒服。空气中夹杂着水稻与泥土混合的香味，桂花浓郁的香味阵阵袭来，闻之令人神清气爽。伸手接下一片飘落的叶子，手指轻轻滑过它的叶面与脉络，一阵酥酥痒痒的感觉，难以言喻，妙在心头。我仔细看了看这片叶子，金黄金黄的，好像那天边的太阳光，那般夺目，那般耀眼，那般暖彻人心。抬头看这些树木，才发现这些树枝上叶子大都是黄绿相间的，有的火红一片，绚烂之极，美得无法用语言描述，让人见之难忘，哪怕是一眼，也可能让人铭记一生，回味无穷。

穿过林间小道，来到村边，便见到一树树桂花盛开，一股股浓郁的桂花浓香直钻我的鼻间，沁人心脾。它不同于莲花的清香淡雅，却有一种独特的味道。一朵朵米黄色的娇小花朵，隐藏在层层叠叠的绿叶之中，虽然花朵很小，但更让人觉得娇柔可爱，楚楚动人。

走过桂花林，来到田野间，茵茵绿草变成了一片枯黄。草全都枯萎了，有当初的生机勃勃，却软绵绵的，我睡在草地上，多了一份无拘无束的感觉。

秋天厚实，沉甸甸的，充满收获的喜悦。

秋天，真美。

老师您在天堂走好

章 敏

打开记忆的闸门，一朵朵浪花翻腾跳跃，想起与老师共度的美好时光，不禁泪满衣襟。

老师这一职业是神圣的，点燃自己，照亮别人！将自己所拥有的知识都传授与我们，随着知识的增长，现在的我终于明白，老师的良苦用心。

记得我上五年级时，我跟父母回到家乡，来到了一个新的班级，那喧闹的教室让我对陌生环境的紧张又增加了几分。面对着陌生的同学，看着同学们相互打着招呼，有几个在推推搡搡……这时，门口来了一位身材并不高大，满脸笑容的男人。教室里立刻安静下来了，同学们都很好奇：他是老师还是学生的家长？我也是其中之一。在学生们好奇的目光中，他嘴角带着笑容，熟练地进行了自我介绍。这时我们才得知：他就是我们的班主任老师，教室里顿时响起了一阵阵掌声欢呼声。这些个声音,让我紧张的情绪慢慢地缓和下来,也让我有种融入这个大家庭的感觉,我很喜欢这样的氛围,也很喜欢这位和蔼可亲的老师。

入学已经半个多学期了,我也体会到了压力,这里与农民工学校有着天壤之别,同学们的竞争也是十分的激烈。记得有一次考试过后(那是我们的期中考试),我的英语成绩并不那么如意。于是,老师拿着那成绩表,在班里寻找考试成绩不那么理想的人谈话,而我也是其中之一。回想起老师那严厉的表情,有点令人恐怖,可当时,我只体会到了里面的严厉,没有体会到他的良苦用心。

俗话说:天有不测风云,人有旦夕祸福,只有四十七岁班主任竟得了重病,经过治疗,老师身体渐渐康复。记得他出院没几天,就来给我们上课了。而我们为了庆祝老师康复出院,同学们"集资"买了些礼物,面对这突如其来的惊喜,老师很快乐,可接着就很严肃地批评我们不要乱花钱,把钱留着买些与学习有关的东西,比这来得更切实际。

在老师回来后的欢乐时光中,我们继续快快乐乐地学习。可没过多久,噩耗又再次传来,老师旧病复发,而且十分严重。后来听医生说,因为错过了治疗的最佳时间,他们也无力挽回了。在暑假的一天,病魔就这样带走了我们敬爱的班主任老师。我们怀着悲痛的心情,来到老师的遗像前，久久地注视着老师生前那张慈祥的脸庞，久久地，久久地……

老师，在天堂的您还好吗？我知道您一定在另一个世界中生活得十分快乐，您还在天边注视着我们的一切，注视着您这些放不下的学生，您的这些放不下的孩子。老师您对我们的爱，千言万语说不尽，您对我们的关怀，比天高，比海深。老师，我们只想对您说：下辈子，我们还想做您的学生，老师您听到了吗？

冰冷的寒风刺痛着我的心，追悼会的画面一直徘徊在我的脑海里，我也在时刻提醒自己不能这样，为了自己的学业，为了您对我们的期望，我们一定会振作起来。

与老师在一起的日子

翟亚玲

一说起老师,一段段往事令人难忘。

我对二年级的数学老师印象深刻,当时她才二十五岁,也许是因为她爱笑,笑起来会有两个小酒窝,给人特别温暖的感觉。她不仅教我们数学,还教我们唱歌,一有空就跟我聊家常,像大姐姐一样。

她很少对我们生气,总觉得我们还是孩子,偶尔淘气,调皮是应该的,其他班的学生总会投来羡慕的目光,我们也总是骄傲地说:"我们有'免死金牌'。"

运动会是班与班之间的较量,但凡是我们班的比赛,赛场上总少不了她奔波的身影。同学们比赛时,她比谁都要紧张,比谁都激动,尽管我们失败了,但我们不气馁,因为她是我们强大的后盾。

她是一个很温柔的人,就像一个含辛茹苦的园丁,默默无闻，不求回报地给予我们知识与道理。和老师在一起，我会时时刻刻感受到老师散发的无限魅力。记得三年级上学期的时候，有些男同学迷上了漫画，有些女同学迷上了打毛线和看小说，因为大家认为社会课和科学课都不重要，就在这些课上做这些事情，之后被纪律委员发现了，告诉了她。她知道这件事情之后，找了当事人聊天，直到做通他们的思想工作为止。

有时，调皮的学生把她惹急了，气得都落泪了，但为了不让我们看到，她躲在走廊里抽噎，梳理好情绪之后坚持把课上完。尽管我们把她惹哭了，但她还是为我们着想，她说："我知道你们的家长不让看课外书籍，那是怕影响你们的学习，我很开明，能理解你们，但你们不应该在课堂上看课外书，以后想要看这些书就在课外时间看……"

我们的老师就像一位天使，带给我们的是数不清的快乐。